MATERNIDADE INTERROMPIDA

Dados Internacionais de Catalogação na Publicação (CIP)
(Câmara Brasileira do Livro, SP, Brasil)

Maternidade interrompida : o drama da perda gestacional /
Maria Manuela Pontes (org.). São Paulo: Ágora, 2009.

ISBN 978-85-7183-060-8

1. Aborto espontâneo - Aspectos psicológicos
2. Maternidade - Aspectos psicológicos 3. Mulheres - Depoimentos 4. Pais e filhos 5. Perda – Aspectos psicológicos
I. Pontes, Maria Manuela.

09-05197   CDD-158.1

Índice para catálogo sistemático:
1. Perda gestacional : Aspectos psicológicos : Depoimentos   158.1

Compre em lugar de fotocopiar.
Cada real que você dá por um livro recompensa seus autores
e os convida a produzir mais sobre o tema;
incentiva seus editores a encomendar, traduzir e publicar
outras obras sobre o assunto;
e paga aos livreiros por estocar e levar até você livros
para a sua informação e o seu entretenimento.
Cada real que você dá pela fotocópia não autorizada de um livro
financia um crime
e ajuda a matar a produção intelectual de seu país.

MATERNIDADE INTERROMPIDA

O drama da perda gestacional

Maria Manuela Pontes *(org.)*

EDITORA
ÁGORA

MATERNIDADE INTERROMPIDA
o drama da perda gestacional
Copyright © 2009 by autores
Direitos desta edição reservados para Summus Editorial

Editora executiva: **Soraia Bini Cury**
Editoras assistentes: **Andressa Bezerra e Bibiana Leme**
Capa, projeto gráfico e diagramação: **Gabrielly Silva/Origem Design**
Ilustração da capa e do miolo: **Lynne Lancaster/sxc.hu**

1ª reimpressão, 2022

Nota da editora: a fim de preservar a singularidade dos relatos presentes neste livro, optamos por manter a grafia e a sintaxe correntes em Portugal, colocando notas apenas quando o significado de determinados termos não nos parecia claro.

Editora Ágora
Departamento editorial:
Rua Itapicuru, 613 – 7º andar
05006-000 – São Paulo – SP
Fone: (11) 3872-3322
http://www.editoraagora.com.br
e-mail: agora@editoraagora.com.br

Atendimento ao consumidor:
Summus Editorial
Fone: (11) 3865-9890

Vendas por atacado:
Fone: (11) 3873-8638
e-mail: vendas@summus.com.br

Impresso no Brasil

Perdi…

Todos nós perdemos…
Perdemos momentos, perdemos pessoas, perdemos coisas.
Perdemos sensações ou perdemo-nos em sensações.
Perdemos emoções e pensamentos, memórias…
Perdem-se poder na vida e até a própria vida.
Perdemos objetivos de inúmeras formas e intensidades.
Perdemos alma, coragem e esperança.
Perdemos escolhas, oportunidades… Quantas!
Perder, quão negativa essa palavra é, quão suspensiva
    se pode tornar; às vezes apenas perdemos porque sim,
    outras ficamos escravizadas à sua passagem.
Perde-se o éden, mas ganham-se a coragem das guerreiras,
    a perseverança dos sobreviventes, a instrução dos
    sensatos.
Enigmas que, nascidos de uma realidade fugaz, se
    imortalizam, sem se perder.

A vós mulheres.

Maria Manuela Pontes

SUMÁRIO

9   *Prefácio*
Maria Helena Pereira Franco

13   I · Filhos do silêncio

83   II · Tomar uma decisão, viver um conflito

163   III · Nascer para a eternidade

189   IV · Reflexos da perda

PREFÁCIO

Nove luas. Simples assim.

Para muitas mulheres, a gravidez se espelha no previsível, no planejado, no claro e translúcido período de espera, dando a mão à natureza e fazendo ambas seu trabalho. As mudanças do corpo sugerem surpresas e dão respostas para muitas perguntas. Há harmonia nesse desconhecido, no caso de uma primeira gravidez, e também nessa singularidade de cada gravidez. Há conflitos, não se nega o fato, mas a perspectiva do nascimento de um bebê saudável auxilia no enfrentamento das noites insones, dos conselhos desencontrados das mulheres da família, dos silêncios do companheiro.

Para outras, não é bem assim. A natureza enlouqueceu? Está brigando comigo? Por que eu me sinto uma estranha dentro da minha pele? O que significa isso que está acontecendo comigo?

As mulheres que têm sua gravidez interrompida vivem uma experiência solitária e incomunicável. Não há códigos comuns entre os atores desse cenário, sejam eles médicos, enfermeiros, familiares ou até o companheiro. Como dizer de uma dor para quem não suporta ouvi-la, para quem tem dificuldade de simplesmente ficar ao seu lado, mesmo sem ter de propor medidas a tomar ou soluções infalíveis? Por isso a solidão.

Como psicóloga experiente em cuidar de pessoas que vivem situações de perda e também como mulher e ser humano, percebo na gravidez interrompida uma situação que se torna mais complicada ainda pela dificuldade que o meio tem em admitir que se trata de um luto, de uma perda multifacetada. Há mulheres que, elas mesmas, não admitem ser um momento de luto, fazendo coro às vozes que lhe dizem: "Logo você engravida de novo" ou "Nem nasceu, você nem se vinculou a essa criança". Como se isso fosse possível! Esse não reconhecimento do luto, experiência complexa que é objeto de estudos de profissionais que se interessam por vivências críticas por parte da família e do indivíduo, representa uma ameaça à saúde mental da mãe interrompida, do casamento e até mesmo um risco intergeracional.

Mãe interrompida? Mas não é a gravidez que é interrompida? Se dizemos que quando nasce um bebê nasce também uma mãe, pode-se inferir que a gravidez interrompida leva a uma maternidade igualmente interrompida. Os relatos apresentados nesta obra – todos tocantes e plenos de genuína emoção – mostram com clareza esse não vir-a-ser, tornam palpável a tensão do gesto parado no ar, da volta que não se completa, da noite que não termina. Os significados atribuídos à maternidade são tantos que se comparam às vezes em que uma mulher se torna mãe. São culturalmente determinados, e também social e psicologicamente. O corpo se transforma; as relações com o mundo, com a própria identidade e com o companheiro não são mais as mesmas. No entanto, parece que esse direito de viver uma transformação irrevogável é negado à mulher que tem uma gravidez interrompida.

Uma médica inglesa, Cicely Saunders, trabalhou muito com pacientes terminais. Ela falou sobre a dor total, aquela que não é física mas dói no corpo, é imperceptível embora esteja presente na existência – a dor que mostra o imponderável, cujo significado só pode ser dado por aquele que a experimenta. Imagino que a experiência da gravidez interrompida se dê de acordo com os mesmos padrões. A dor é total e atinge as mães na essência do sentido da maternidade.

Os relatos das mães interrompidas trazem um aspecto que eu gostaria de destacar aqui: a necessidade de preparar os profissionais de saúde, em especial aqueles que lidam com situações extremas, no que diz respeito às relações humanas, para que exerçam seu ofício sem perder na vivência do outro. Médicos obstetras dizem com frequência que preferem não se vincular às pacientes, porque um abortamento é por eles entendido como um fracasso, como se eles tivessem falhado em algum ponto do processo referente aos cuidados. Entre enfermeiros essa fala também é comum. Assim, a interrupção de uma gestação é indesejável para todos, independentemente de seu motivo, e todos sofrem esse impacto, em maior ou menor grau. Há aqueles que preferem se afastar, se distanciar, como se não tivessem sido tocados pelo fato. O presente livro traz relatos de profissionais que sofrem e têm dificuldade para lidar com esse sofrimento.

Costuma-se considerar que, segundo a cultura ocidental cristã, uma morte tem impacto direto sobre até dez pessoas. Não sei quanto esse dado é preciso ou se realmente se relaciona a uma realidade facilmente identificável. Posso afirmar, porém, que no caso da maternidade interrompida a definição desse número torna-se ainda mais nebulosa, e os relatos deste livro deixam isso muito evidente. Quem é afetado pela interrupção de uma gestação? Esse é um assunto que diz respeito à mãe e ao seu companheiro, mas também a avós, tios, rede social dos pais e assim por diante.

Parece não haver diferença entre o abortamento que se dá em razão de uma anomalia diagnosticada e o que ocorre devido a uma causa desconhecida. A perda e a reversão de expectativa têm o mesmo impacto, sendo que as guerreiras, como podemos denominar essas mulheres, ficam desprovidas de armas para viver. Talvez a principal arma que lhes falte seja a esperança. Nos relatos, há sim alguma esperança, que pode se desenvolver por meio de um doloroso processo de construção de significado para a experiência, apoiando-se na rede social e afetiva, nos sentidos da espiritualidade, na revisão dos propósitos de vida. Fica claro que uma nova gravidez, mesmo que levada a termo e resultando no nascimento de um filho saudável, não tem nem a finalidade nem o poder de substituir o filho que não nasceu.

Este talvez seja um dos mais importantes fatores para a manutenção da saúde mental dessas mulheres: um filho não substitui o outro.

Os relatos aqui apresentados mostram quanto essas mulheres-mães-guerreiras deixam de perder quando compartilham suas histórias. Tenho algum pudor em dizer que elas ganham com esse compartilhamento, porque penso que não se trata de uma troca mensurável, entre ganhar e perder. Por esse motivo falo em "deixar de perder", e posso ser mais específica: inaugura-se e percorre-se a ponte sobre o incomunicável. Embora cada experiência seja singular, saber que é possível sobreviver a essa batalha – com cicatrizes, sem dúvida – permite que essas mães interrompidas agreguem à sua biografia esse capítulo (em vez de apagá-lo). Escrever esse capítulo de sua biografia dá à mulher serenidade para significar o que viveu, uma experiência que pode até mesmo ter se iniciado ancestralmente, marcando as mulheres de sua história e definindo o sentido de ser e de não ser mãe.

Maria Helena Pereira Franco
Psicóloga e professora titular da Pontifícia
Universidade Católica de São Paulo (PUC-SP)

I
FILHOS DO SILÊNCIO

ANA LAMY

Numa madrugada mais escura e silenciosa que todas as outras, a minha última réstia de esperança abandonou-me… Desistiu, antes de mim…

Seis perpétuos meses, duas silenciosas perdas, dois desejados filhos de quem nunca conheci o pequeno rosto. Dois bebés que amei sem nunca os ter tido nos braços.

É assim que tudo começa e que parte de mim termina.

Engravidei em agosto de 2008, com 28 anos, tal como tínhamos planeado. Uma felicidade imensurável desabrochava cá dentro, algures no meu peito. Não sei exatamente onde nascia, mas a sentia a querer explodir por todos os poros da minha pele. Era demasiado desmedida para a conseguir prender no meu interior. A sua força fazia-me vibrar.

Aquelas risquinhas cor-de-rosa possuíam esse poder, o da felicidade plena. Ilustravam aquele teste de gravidez com uma autoridade de destino cumprido, segredavam-nos que o nosso filho nasceria em maio e esse facto dava-o como adquirido.

Nada poderia interromper o meu estado de felicidade, parecido com aquele que experimentámos quando nos apaixonámos, em que tudo culmina em nós.

Nunca cheguei a ter uma barriga notória, proeminente, mas isso não me impedia de afagá-la constante e repetidamente, com um sorriso aberto na face, de quem sente o milagre da vida a eclodir no seu ventre.

Passámos a adquirir um ritual sem que nos tivéssemos apercebido, fazia parte da nossa rotina não adormecermos sem acariciar o ventre que embalava o nosso bebé, sem lhe desejarmos boa-noite.

Depressa aprendi a falar no plural: "estamos bem", "chegamos bem" ou "estamos com fome".

Esse estado de magnificência dá-nos a sensação de perpetuidade, de que ao longo de nove meses seremos inalteráveis. Mas esse sorriso depressa cedeu e uma tez mais densa substituiu-o, com a facilidade com que uma onda cobre a areia.

Às seis semanas de gravidez um corrimento rosa pálido usurpa--me esse sorriso e no seu lugar instala-se a hesitação. Apesar do repouso, às sete semanas um corrimento semelhante repetia-se e empurrava-me às urgências[1].

Pela primeira e última vez vi o meu bebé, ali, no monitor, tão perto e tão longe de cingir-se a mim. É uma sensação de distância no espaço muito real; sabemos que o nosso bebé está cá dentro, dentro de nós e não nas entranhas daquele monitor, mas é por meio dele que o vemos, e tememos aqueles instantes com a máquina.

Tememos que ela o enclausure, que apenas nos permita reter a imagem.

O seu pequenino coração piscava e piscava, e aquela pequena luz intermitente de vida acalmou o meu, que parecia querer desistir. A médica não viu vestígios de sangue e acreditei poder voltar ao meu mundo, onde aquele sorriso esperava, ansioso por voltar.

Mas às onze semanas aquele corrimento claro, que até então não mais tinha aparecido, transformou-se em algo mais persistente e escuro… e eu tive medo.

Deitei-me imediatamente. Deitar-me-ia para todo o sempre se fosse essa a condição para salvar o meu filho.

O médico recomendou-me o que eu já sabia: repouso absoluto e calmantes.

Ao terceiro dia, as melhoras tardavam em vencer aquele estado de inércia, em que tudo deserta, nenhuma força germina para suster a fragilidade desse cordão etéreo com o nosso filho.

---

1. Serviço de um hospital onde se prestam cuidados médicos e cirúrgicos com caráter de emergência.

Ao quarto e quinto dias, perdas de sangue vivo prescreviam o pior dos diagnósticos. Reconheci-as quando borbotavam do meu interior, livres, certas de que o seu caminho era aquele. De vez em quando, umas dores fracas mas permanentes fustigavam-me o âmago, lembrando-me de quão fraco era o meu desejo diante da força do que ocorria.

Apesar de tudo, do denso desespero que sentia a cada final de dia, a esperança, ironicamente, nunca se desvaneceu.

Fiz tudo que podia...

Recordo tanto aquela semana, desapossada de gestos, inerte numa cama que vigiava o meu esforço por manter a luta.

Teria ali ficado mais seis meses se isso ajudasse o nosso bebé.

Mas de nada valeu...

Numa madrugada mais escura e silenciosa que todas as outras, a minha última réstia de esperança abandonou-me... Desistiu, antes de mim...

Aquelas dores intensas, energéticas, incansáveis gritavam-me que perderia o nosso filhote... tão pertinho das doze semanas...

E foi o que aconteceu.

Terminou tudo naquele momento, à exceção da nossa dor!

Estranhamente, um alívio chegava como a aragem tímida dos inícios de primavera... Perder o nosso bebé era algo inconcebível para a minha sã consciência, perdê-lo era algo que nunca poderia acontecer. Ele já vivia connosco, já o amávamos incondicionalmente, já fazia parte da nossa vida. Não se pensa no fim de alguém antes de o termos dado à luz, não dessa forma, em que a nossa luta de sobrevivência pende numa balança em que só num dos lados são colocados os pesos.

Mas, quando encaramos esse fim, essa dura realidade, em que a morte, sem hora marcada, tem um gesto de rapinagem ao qual cedemos por incapacidade, sentimos alguma paz... não sei como... mas essa paz compenetra-se, algures, num recanto da alma.

A recuperação física não foi difícil. O corpo manipula-se...

Não deixámos que a dor fosse mais forte que nós e nos levasse com ela por aí... por um *aí* desconhecido, onde quase sempre perdemos. Tentámos retomar a normalidade da nossa vida à força, por querermos ser felizes.

Tive algumas recaídas: uma tristeza desmedida que me monopolizava de repente. Sempre que uma bela recordação do pouco que retive o meu filho surgia, sempre que bons momentos queriam nascer ou sempre que pensava no futuro sem o nosso bebé, apercebia-me de que jamais o conheceria – e a culpa, essa disposição moral que nos lasca o interior, como tem vigor, como acarreta um passado!

Volvidos três meses, cheia de certezas, avancei para uma nova gravidez, tal como da primeira vez, sem *(grandes)* receios e repleta de alguma ingenuidade. Não acreditava que o destino nos fulminasse pela segunda vez e até tinha alguma certeza sobre a possibilidade de sofrer um novo aborto: seria agora mais remota que nunca, por já ter vivido um.

Cinco meses depois voltei a engravidar.

Desta vez a felicidade chegava assombrada por rasgos de sangue, discretos, mas aptos a caçar a presa... Instintivamente sabia que estava grávida, o teste apenas confirmaria o que eu já sabia.

Vê-lo... Ler o positivo trouxe-me uma nova alegria... mas as perdas... as perdas não me abandonavam, se bem que discretas, e perpetuavam a sua presença. Mais uma vez o repouso absoluto imperava, mas não me apercebia de que corria novamente o risco de perder o nosso bebé. A esperança é tão poderosa que só instantaneamente me permitia ter lampejos de lucidez, só nesses segundos me apercebia do que se estava verdadeiramente a passar.

Cinco dias após a confirmação de que protegia o meu segundo bebé dentro de mim, perdi-o. É uma perda que faz que, mesmo querendo encontrar algo ou alguma coisa, apenas peguemos em vazio. Nenhum exame diagnosticou a partida do meu segundo filho, a hemorragia intensa mostrava um destino, não podia indicar outra coisa... O poder daquele fluido é agonizante. Lembro-me de que vivi esse momento como se estivesse a assistir a um filme, alheada e apática. Só quando me deitei, como um guerreiro após a batalha, ouvi a voz ensurdecida do meu marido, a voz do pai do meu filho fez-me voltar à realidade, e desabei.

Como é que era possível o nosso sonho ter-se desmoronado mais uma vez?

Porquê?

A recuperação, desta vez, foi mais complicada.

Sentia-me fraca na alma e no corpo, vencida por uma força que não me permitia uma luta igualitária; era um corpo que cedia às tonturas, com membros que se entregavam à robustez de uma tensão muito baixa, só procurava a cama, o dormir. O cansaço apoderava-se de quase tudo que me pertencia, as dificuldades não davam tréguas e uma semana depois sofri nova investida – uma assustadora hemorragia residia nas minhas entranhas e tive de ser internada.

Nova curetagem.

Aparentemente o colo do meu útero fechou cedo demais, quem sabe num ímpeto de não deixar partir o meu bebé, e reteve os "restos ovulares", o que se associou à rutura de um vaso sanguíneo.

Saí do hospital a sentir-me melhor… na medida do possível.

Reuni todas as minhas forças, mesmo aquelas que nunca utilizamos, para lutar e entreguei-me às mãos dos médicos.

Se tudo corresse como nós idealizamos *(mas já percebi que é a vida que vai deitando as cartas e nós vamos jogando como podemos)* já estaria a tentar engravidar pela terceira vez desde julho, mas alguns resultados de análises no campo da reumatologia ainda não o permitiram, estão alterados. Os anticorpos antinucleares apresentam valores acima do recomendado. Talvez não estejam associados a nada ou, pelo menos, não estejam associados às perdas que sofri; no entanto, a dúvida não é boa conselheira e aguardo o veredicto final, assim como todas as pessoas que querem a sua liberdade e a tentam recuperar num julgamento definitivo.

Desenvolvi um espírito otimista e, como tal, acredito que tudo se há-de resolver e que, em breve, terei um filho nos braços. Nunca esquecerei os que viveram dentro de mim tão fugazmente, por isso tento conviver apenas com a lembrança da sua pequena existência todos os dias.

Ao meu marido agradeço o trilho do companheirismo numa recuperação cujos destroços jamais serão recolhidos. A sua presença permanente, lado a lado, sempre de mãos dadas comigo, é a minha energia vital. Só quem ama consegue apoiar, acarinhar, dar força e aparar as lágrimas de quem é dominado pelo medo, mesmo quando está a sofrer igualmente. Se não fosse toda essa força com contornos de amor, eu não teria tido coragem para continuar tão depressa, nem teria sentido paz nos momentos mais árduos e difíceis.

ELSA BORGES

Estávamos preparados para ouvir "Está tudo bem, aqui temos a cabeça, as pernas, as mãos...", mas, em vez disso, não ouvimos nada, um silêncio ocupava o lugar das palavras que queríamos escutar.

Desde muito cedo o instinto maternal entrou na minha vida, talvez devido ao contacto com crianças e por ter sido madrinha de batismo aos 18 anos.

Eu e o Pedro casámos no ano de 2004, já com planos de ter filhos no ano seguinte. Tudo parecia correr muito bem e engravidámos facilmente no mês de agosto de 2005, casados há menos de um ano.

Os planos aglomeravam-se nas nossas conversas, as expectativas tornavam-se no brilho que nos alumiava os sonhos; imaginávamos o sexo, os nomes, o quarto.

De repente, a tão esperada consulta surgia como uma bússola para nos ajudar a concretizar os primeiros planos: estaríamos de dez ou onze semanas.

Estávamos preparados para ouvir "Está tudo bem, aqui temos a cabeça, as pernas, as mãos...", mas, em vez disso, não ouvimos nada, um silêncio ocupava o lugar das palavras que queríamos escutar. O médico fazia a ecografia embrulhado num silêncio moribundo, até que o questionei sobre o que se estava a passar. Apenas balbuciou: "Pode-se vestir, vamos conversar".

Com alguma dificuldade, visível nos movimentos corporais, o médico deu-nos a notícia de que o embrião tinha deixado de se desenvolver por volta das nove semanas. Naquele momento, senti que estava a viver um pesadelo do qual só queria acordar. A viagem de regresso a casa pareceu-me uma eternidade, o caminho era longo e parecia não querer parar. Não estávamos preparados para uma notícia como aquela, não estávamos preparados para lidar com a perda de algo que sempre desejámos.

No dia 12 de outubro de 2005 fui internada para fazer curetagem.

Não foi de todo fácil lidar com essa perda. Vivia rodeada por crianças, 2005 tinha sido um ano de *baby boom* na nossa vida e só me questionava: "Porquê eu?" Não conversava com as pessoas sobre o que sentia, porque elas não percebiam. Só me abriria com alguém que soubesse perfeitamente a dor que sentia, alguém que também tivesse passado pelo mesmo. Foi então que conheci a Artémis, em novembro de 2005, por meio de uma amiga. Nessa associação participei de terapias de grupo, que me ajudaram muito a superar a dor da perda e a lutar pelo meu sonho: ser mãe!

Não desistimos e, passados onze meses, em agosto de 2006, tivemos novamente a notícia de que nos encontrávamos grávidos. Essa notícia foi recebida com alguma contenção, uma mistura de alegria e esperança e, ao mesmo tempo, um medo assombrado. Esses sentimentos intensificaram-se quando soubemos que gerava gémeos fraternos. Estava grávida pela segunda vez, de dois bebés que lutavam vorazmente por chegarem aos meus braços, dali a poucos meses.

Fatidicamente, o sonho oscilou, acabando por ruir. Contava com seis semanas quando pequenas perdas avermelhadas apareceram numa adivinha sinistra. Com a ecografia à minha frente, lutava por manter a calma e o bom senso; a cortar aquela imperturbabilidade dos médicos, surge aquele frágil ritmo dos batimentos cardíacos, mas só de um dos bebés. Com esse diagnóstico, regressámos a casa com a pequena esperança de que conseguiríamos um bebé. Quão enganados nós estávamos...

A 11 de setembro, a mesma frase, do mesmo médico: "Lamento, não há nada a fazer..." Mais uma vez, em menos de um ano, fui submetida a curetagem, desta vez para me retirarem dois sonhos.

Senti que bati no fundo, senti que me foi retirado de vez o chão que pisava.

Desta vez reagi mais depressa. Voltei à terapia de grupo da Associação Artémis. Recusei-me a ficar sentada e fazer o papel de coitadinha, não podia baixar os braços e decidi fazer tudo por tudo que estivesse ao meu alcance para descobrir a causa dos abortos.

O ano de 2007 foi dedicado aos exames, às consultas no hospital e à descoberta de novas patologias. O veredicto final dessa odisseia ditou que eu sofria de trombofilia e que esta seria a causadora dos abortos.

Já não era a mesma pessoa.

Sentia-me mais madura, um ser muito racional, consciente de que poderia voltar a passar pelo mesmo, nada era garantido. Aliás, se há algo que eu retiro dessa luta de três anos é que nada é garantido, só temos de ter esperança e viver um dia de cada vez.

Em julho de 2007 tivemos carta verde para voltar aos treinos com tratamento prescrito para uma nova gravidez: injeções diárias de heparina e Cartia (aspirina).

O nosso sonho nascia a 2 de junho de 2008, de nome João Afonso!

CRISTINA TUDELLA

As dores das contrações rasgavam por dentro todas as tentativas de as evitar, os vómitos e a diarreia retiravam-me as poucas forças que tinha, mas a vida tinha decidido por mim e expulsei a minha bebé do meu corpo, nessa mesma noite.

Ser mãe foi algo que sempre quis. Era um dos meus grandes objetivos de vida e seria exaustivamente doloroso se não o conseguisse concretizar.

Por isso, no final do ano de 2002, quando completava os meus 32 anos de existência ao lado do meu marido, com 33, decidimos transformar a nossa vida num projeto maior – sermos pais.

Após os exames médicos básicos e o início da tomada do ácido fólico, renunciava à pílula, num gesto heroico de quem brevemente seria mãe.

A busca pelo sonho da maternidade começava a sua viagem em janeiro de 2003. Destinadamente os dados foram lançados.

Os primeiros meses não foram problemáticos, mas à medida que os ciclos menstruais iam passando, transpondo e trespassando o tempo, deixavam um rasto de desilusão quase premonitória – eu não ficava grávida.

A ansiedade ia ganhando força e tomava conta das mais pequenas coisas… A pergunta inevitável – *Será que haveria algum problema?* – torna-se na pergunta necessária.

Sabia que um ano de tentativas infrutíferas era algo normal, tentava-me agarrar a essa ideia para não sucumbir à ansiedade que se ia apoderando de mim.

Ao fim de nove esgotantes meses, o meu primeiro positivo é uma reação contra aquele tempo que impunha um terror desmesurado.

Ficámos felicíssimos. Finalmente seríamos pais. O nosso bebé nasceria no início de julho de 2004.

Começaram então os (des)confortos da gravidez: o sono, os enjoos, os vómitos... A barriga crescia a olhos vistos, e nós, muito orgulhosos, tirávamos a foto semanal do mundo que guardava o nosso filho.

Apesar da minha invencível felicidade, sabia que algo poderia correr mal... Sempre tive a noção de que as tristezas não acontecem só aos outros e muitas gestações chegam a um fim cedo demais, um fim proléptico, que lhes usurpa o futuro. Essa sensação de profetisa murmurava-me um silêncio castrador, impedia-me de ser livre, dentro da minha própria liberdade, uma amarra invisível prendia-me ao fatídico número doze – às doze semanas.

Às doze semanas começaria a comprar "as coisas" para o meu bebé – e como estava desejosa de fazê-lo! Comecei por olhar, depois por entrar em lojas para bebés, e às oito semanas de gravidez comprei as minhas primeiras calças de grávida.

Como me sentia orgulhosa daquela barriga! Quantas vezes a verdade me pareceu mentira! EU ESTAVA GRÁVIDA!

O porvir quis que a minha cunhada também ficasse grávida. O seu bebé encontrá-la-ia em maio e isso só aumentava a nossa felicidade. Um primo ou prima, quase da mesma idade, para brincar. Já os imaginávamos juntos, a crescer, a compartilhar.

Às nove semanas, sangue.

Esse processo que nos liquefaz, que nos afasta até das nossas mais convictas certezas.

Assustei-me, mas como tinha feito uma viagem de automóvel, quis acreditar que esse seria o motivo. Por precaução fui à médica e, pela primeira vez, vi o meu bebé. O seu coraçãozinho batia ávido pela vida.

Sentia-o.

Como apresentava um pequeno descolamento, precavi-me com repouso e, decorridas duas semanas, a hemorragia cessou, em sinal de cessação de hostilidades.

Na véspera da ecografia das doze semanas pressenti que alguma coisa não estava bem com o meu bebé. Sentia-me angustiada, um aperto no coração trucidava-me o peito. Só me apetecia chorar e foi o que fiz naquela tarde, sozinha, no sofá da minha sala. Se por um lado me sentia ridícula – *Porque chorava eu?* –, por outro, era isso que me subjugava a um sofrimento latente.

Com a ajuda do Rui, meu marido, tentei ser racional, precisava acreditar que não havia nenhum indício de que o nosso bebé não estivesse bem.

Por fim, as doze semanas... o dia que tanto ansiava... A ecografia, o rosto sério da médica, o silêncio inquiridor, a premonição de que algo não estava bem.

Não foi necessária nenhuma palavra, o seu semblante falava alto, entoava uma opressão... Um *higroma quístico* ameaçava aquela vida que guardava dentro de mim, que pensava conseguir proteger. O meu filho apresentava uma formação líquida na cabeça, que poderia ser resultante de um problema linfático ou cardíaco.

Esse líquido poderia desaparecer ou generalizar-se a todo o corpo do bebé, quase com nuances de uma roleta russa, em que a sorte passa a risco calculado. Na segunda hipótese o meu bebé dificilmente sobreviveria ao resto da gravidez. Teríamos de esperar para ver o que o futuro nos reservava.

Voltaríamos dali a duas semanas para observar a evolução do higroma.

A sós, envoltos ainda pelo ambiente do consultório que simultaneamente nos fez felizes e nos arrebatou essa felicidade, vivíamos instantes agonizantes e confusos. Lá fora, para lá daquelas paredes que guardavam a nossa amargura, estavam grávidas, grávidas felizes, na sala de espera. Tínhamos de lhes sorrir e sair.

Esses quinze dias tornaram-se tão longos como a longevidade que a eternidade possui, eram pesadamente tristes e muito difíceis.

Estávamos na época natalícia, havia um Natal, a família reunida, um bebé na barriga, que todos fingiam não existir. Foi duro... Duro porque não eram só os outros que ignoravam o meu bebé. Afinal, eu própria não queria me ligar ainda mais e depois perdê-lo.

Na rua, encontrava pessoas que, olhando para a minha proeminente barriga, me davam os parabéns, mas a quem eu rogava desesperadamente indiferença. Como eu queria poder esconder aquela barriga!

A minha vida metamorfoseava-se numa espécie de montanha-russa de sentimentos: tanto queria amar o meu bebé como malevolamente fingia que não existia.

Acordava, durante a noite, a desejar que tudo não passasse de um pesadelo, o que rapidamente se transformou na minha mais dura realidade: o líquido tinha-se generalizado e afogava a minha pequena vida na sua malvadez… O nosso tão desejado filho não nasceria para a vida, mas antes para uma morte erradamente precipitada.

Na véspera da partida do meu filho para esse mundo ao qual não temos acesso, fiz uma amniocentese. Foi assim que soube que era mãe de uma menina, a minha primogénita, a minha princesa. Uma menina com trissomia 21.

Aproximei-me da entrada do hospital, na manhã do dia 8 de janeiro de 2004, carregando a minha menina. Tinha medo, um medo entranhado no corpo, na mente, nos meus gestos… Não sabia o que me esperava e um sentimento de completo temor estalava no meu peito.

Sentia-me trucidada pela única certeza que possuía – não queria ver a minha bebé.

Mas será que conseguiria não a ver?

Queria apenas que tudo terminasse depressa.

O dia tornava-se, a cada minuto, pesado como um fardo, a dilatação avançava velozmente na sua obrigação. As dores das contrações rasgavam por dentro todas as tentativas de as evitar, os vómitos e a diarreia retiravam-me as poucas forças que tinha, mas a vida tinha decidido por mim e expulsei a minha bebé do meu corpo, nessa mesma noite.

Consegui, como queria, não a ver. Recordo-me da voz de uma enfermeira a perguntar-me se queria saber o sexo da criança; disse-lhe que não.

No fundo, lá no fundo, existia um eco de aconchego, a minha alma sentia-se aliviada, sentia-me a tremular como uma folha ao vento, sem peso, sem vontade, sem resistência. Na altura, tive a sensação que o pesadelo tinha esgotado todas as formas de esbraseamento que o animavam, mas, nos momentos em que tudo perde o sentido, a mais leve sensação de refrigério convence-nos que tudo já passou.

O dia de sepultar, naquele local, todo o suplício vivido tinha acabado de entrar, bastava meia dúzia de passos e voltaria as costas à prisão que encerrava a minha maternidade. Pensei que levasse guardado o rancor de uma mãe amargurada, mas não: aproximei-me da saída do hospital desejosa de voltar a tentar engravidar.

Em junho de 2004 um novo positivo e toda a esperança do mundo proporcionaram um momento que achava não voltar a viver.

Ficámos repletos de felicidade, uma felicidade absorta em pensamentos futuros, de quem constrói promessas e as quer cumprir.

Mas não seria desta vez que a vida me defenderia desse larápio de sonhos: uns dias mais tarde voltava a perder o meu bebé espontaneamente, sem ter tido tempo de lhe falar, de lhe segredar a imensidão do amor que lhe reservava. Alguma coisa, que não apreendia, voltava a pilhar o meu interior e furtava o meu bem maior.

E seria assim numa próxima vez... e outra ... e mais outra.

Após cinco lutas por um filho, e após cinco batalhas perdidas, em novembro de 2004 engravido pela sexta vez.

Passei os primeiros meses como um narrador contemplativo, com um misto de sentimentos que me levavam desde a maior euforia à mais profunda sensação de descrença.

Queria tanto ter aquele bebé!

Já tinha perdido cinco filhos e não sei se teria energia suficiente para continuar a passar por desgostos que me laceravam os sonhos sem compaixão. Sentia que me debatia com uma força maior que eu, debatia-me com uma sombra que nunca aparecia.

Vi o meu bebé no écran de um ecógrafo[2] às doze semanas de gestação, não parava de se mexer, metia a mão na carita que nos fitava a cada instante, e o seu coraçãozinho batia depressa, tão depressa.

Tento perceber hoje as sensações daquele momento e só me recordo como tremia, dos pés à cabeça, o meu peito continha com dificuldade a força com que o meu coração batia, os meus olhos submergiam-se em lágrimas de felicidade. Sentia que cada momento daquela gravidez seria único e que deveria aproveitá-los como se fossem sempre os últimos momentos que passaria com a minha bebé… A inocência tinha desaparecido e desejava-a como nunca.

A 3 de agosto de 2005, às 19h22, a minha filha, Filipa, vinha ao mundo, no mesmo hospital sombrio onde a sua irmã não tinha visto a luz do dia. Retirei-a de dentro de mim com a urgência de a ter comigo, puxei-a e coloquei-a sobre a minha barriga, ensanguentada da vida que tanto desejava poder oferecer-lhe. Dois dias depois saíamos do hospital, sem a necessidade de olhar para trás porque algo nosso lá ficava jazendo; transpusemos a porta com a nossa bebé nos braços. Os braços repletos de ventura.

Dois anos passados, decidimos preencher o espaço que sempre existiu. Decidi voltar a engravidar.

Em novembro de 2007 um positivo deixa promessas no ar. Os enjoos, os vómitos marcavam o meu semblante diariamente. Lembro-me de pensar em todos os meus filhos, na forma desapiedada como fui privada deles. Esses pensamentos não me largavam e, quase como a determinar uma sina, em fevereiro de 2008, com doze semanas de gravidez, perdi o meu bebé. Tinha renunciado à vida às oito semanas de gestação e ficara, em silêncio, no seu ninho, como se pudesse ali passar despercebido. O diagnóstico era claro – precisávamos de nos separar, mas desta vez queria vê-lo… e era tão pequenino o meu filho.

---

2. Aparelho de ultrassom.

Olhei para o frasquinho em que a enfermeira o colocou, um frasco tão trivial para um ser tão amado, e estoirei a chorar. Chorei pelo meu bebé e chorei porque tinha desistido. Chorei porque aquele fim, dentro de uma redoma de vidro, é insensível, impiedoso.

Já não tentaria novamente...

Só consegui parar de chorar quando decidi que não podia desistir.

Tenho muito medo... mas SOU OTIMISTA e, apesar do meu passado e dos meus 38 anos, estou novamente a tentar dar um irmão ou uma irmã à minha filha. Se o vou conseguir, não sei, mas enquanto tiver energias para tentar vou fazê-lo.

LÚCIA MARTINS

Finalmente, um dia, saiu de forma natural. Sem poder refrear a força da natureza, o meu filho caiu-me... na casa de banho[3]... dentro da sanita[4].

Se começasse o meu texto por "A minha história será uma das muitas histórias tristes que acontecem com mulheres quando estão grávidas", muitos de vós não perceberiam o teor da mensagem. Por isso vou começá-la como todas as histórias cuja mensagem enquadra uma narrativa de amor.

Namorava há nove anos e já morava com o meu namorado há seis; após várias conversas desenhadas por sorrisos, decidimos ter um filho, coisa que eu queria muito.

Tinha completado 27 anos e, sem imaginar que ficaria grávida na primeira tentativa, estranhei os vómitos que revoltavam o meu bem-estar. A vinda da menstruação tardava, os meus seios alteravam-se, modificando-se ao sabor de todas as transformações da maternidade.

Tudo no meu corpo vociferava a possibilidade de estar grávida, e um ímpeto insistente impingia-me a ideia de fazer um teste de gravidez. Cedi, cedi ao desejo incontrolável de ter essa certeza, dirigi-me a uma farmácia e comprei um teste. De repente, aquela solidez de cor, o rosa, irradiado por dois tímidos traços – era o meu positivo, um safanão estremece a minha vida e sinto intensamente a ascensão da palavra *mãe*.

Recordo-me da minha irmã mais velha, grávida também – apenas uma diferença de quinze dias marcava o pulsar daquelas

---

3. Banheiro.
4. Vaso sanitário.

vidas que cresciam em ventres limítrofes. Tudo parecia perfeito, em harmonia.

Fui ao médico orgulhosa de um útero fecundo de vida. Fiz análises para confirmar o diagnóstico, fiz consultas, e o momento da primeira ecografia se impôs.

A triste notícia...

Um bebé que não crescia...

Uma semana de crescimento oprimido...

Aquela ecografia, que deveria mostrar-me o meu bebé, revelava o que parecia ser um castigo: o bebé que carregava estava sem vida, tinha abandonado o seu corpo e o meu corpo, com cerca de nove ou dez semanas. Uma sensação mofina transformava-me em alguém lúgubre, sem nenhum apoio humano. De repente, reconhecia-me como a última das mulheres, num mundo em que a maternidade apenas termina dessa forma para as escolhidas, escolhidas por uma dor mortífera, escolhidas por um vazio reentrante, por um vácuo de comoções.

Iniciei uma peregrinação semanal à maternidade, queria análises, queria as impressões digitais do meu interior, queria entender-me.

Os meus níveis de gravidez não baixavam, continuava hormonalmente grávida, o que colava o meu bebé às minhas entranhas.

Não saía.

Senti-o dentro de mim durante mais um mês, sem vida; latejava apenas a minha vontade de lhe dar um fim fora do meu corpo.

Finalmente, um dia, saiu de forma natural. Sem poder refrear a força da natureza, o meu filho caiu-me... na casa de banho... dentro da sanita.

Fui atingida por uma onda de hemorragias e acabei por ter de correr ao hospital, esvaída num sangue que depurava um útero golpeado pela morte. Retinha parte da placenta, o que me provocava o derramamento sanguíneo imparável. Estive duas horas em trabalho de parto, sem nenhuma medicação para as dores, para expulsar lixo, quando o que deveria ter saído era o meu bebé, caso o tivesse dentro de mim.

Foi um pesar horrível, sem nenhuma compensação, a não ser a medíocre possibilidade de permanecer viva e recordar.

Após a alta médica, os níveis não baixavam, não se tornavam negativos; deparei com a possibilidade de cancro, de ter de submeter-me a injeções de quimioterapia. Já não bastava toda a dor de perder o meu bebé, da falta de apoio do meu companheiro, agora recebia a notícia de que poderia apanhar cancro.

Não foi nada fácil...

Tive de me sujeitar a acompanhamento psicológico e, um mês após essa situação ter acontecido, o meu namorado abandonou-me.

Foi o pior obstáculo da minha vida... Para além de perder um filho que tanto queria, o meu namorado desiste de mim.

Quando a minha sobrinha nasceu, não conseguia sequer pegar nela, o meu filho ocupava-me a mente, queria-o ali, queria-o naquele lugar.

Neste preciso momento em que partilho estas linhas, já se passaram quase dois anos; o luto, carrego-o como um fardo. É algo que nunca se esquece!

Sempre que vejo uma grávida ou um bebé, rememoro o meu passado de uma maternidade violentamente fugaz.

Tenho 28 anos e muito medo.

Tenho 28 anos e um passado marcado por uma perda terrível.

Espero que o meu testemunho, sepultado nestas folhas, sirva para acompanhar todas as mulheres que tenham cruzado, em seu caminho, com uma morte prematura, sem apoio, sem compreensão.

Somos muito fortes, passámos por uma coisa pela qual a maior parte das pessoas seria incapaz de passar.

ELSA SANTOS

A dada altura gritei à médica que parasse, não conseguia respirar, parecia que me estavam a "desentranhar" por completo.

Decidimos! E não significava apenas um verbo conjugado no presente: foi um desembargo à liberdade de uma decisão.

Depois de sete anos de casamento, com alegrias e tristezas pelo meio, um ímpeto borbulhava algures no meu interior, soprando que tinha chegado a hora! A pílula foi colocada de lado, a contagem decrescente tinha começado.

Seis meses se passaram sem sinais evidentes de uma possível ovulação; o próximo passo foi entrar no chamado "circuito médico", que nos serviu palavras frias e arrasadoras: síndrome de ovários poliquísticos e anovulação.

A perspectiva da maternidade coava-se por entre os nossos dedos. Cada vez nos despegávamos mais da realidade de sermos pais. Tínhamos de nos opor a esse diagnóstico e iniciámos o tratamento – e, com ele, a esperança, a ansiedade, a dor, a tristeza, a desilusão, a alegria, novas emoções. Esse foi o ponto de partida para a descoberta de nós próprios!

Devido à infertilidade fomos obrigados a mudar. Fomos obrigados a crescer, a amar-nos ainda mais do que nos amávamos antes. Os tempos que se aproximavam traziam uma lição de vida muito maior. Agora, chorávamos pelo que nunca tinha existido, pelo invisível. Dentro de algum tempo choraríamos pelos nossos bebés, pelos nossos filhos, por termos perdido os nossos "sonhos"...

Depois de um ano de tratamento com comprimidos hormonais, parecia ser aquele "o mês". Todos os meses o sentimento de perda estava presente, todos os meses, ao ver o vermelho da menstruação, experimentava um luto por "algo" que, na realidade, nunca existiu literalmente, mas no meu coração sim, pois todos os meses me preparava para ser mãe!

Desde o início que soube... o meu corpo mudou, eu mudei, o meu bebé já fazia parte de mim, dos meus planos, dos meus sonhos, como eu amava essa nova vida, como eu amava o nosso filho! A esperança renasceu completamente.

A minha avó materna e a minha irmã estavam connosco. Era altura de férias. A notícia da gravidez foi-nos dada às três. Chorámos abraçadas, com uma alegria imensa. Tínhamos tido uma oportunidade única de partilhar esse momento.

Durante a semana seguinte, eu e o meu marido fizemos várias visitas às lojas de bebés, decidimos o carrinho que queríamos, o quarto, as cores. O papá fazia planos para personalizar o quarto... Afinal, era uma nova vida que se estava a desenvolver, um filho, finalmente o nosso filho para completar a nossa vida, demonstrar a imensidão do nosso amor. Tínhamos a certeza que tudo ia correr bem – e, se não corresse, tentaríamos de novo.

Soava tão fácil que me convenci que se corresse mal não seria nada de grave.

Como estava enganada, como estávamos enganados...

No domingo, sem nenhum aviso prévio, o meu mundo, o nosso mundo começou a ruir.

Primeiro as lágrimas abrasantes nos meus olhos, depois a dor opressiva no meu peito que me impedia de respirar, depois o esforço por acreditar estar apenas a imaginar... Mas ao olhar pela segunda vez tive certeza... estava a perder sangue... Aparentemente calma, fui ter com o meu marido e contei-lhe. Embora ele se mostrasse forte, percebi o que os seus olhos me diziam: estava devastado, como eu.

Na segunda-feira telefonei para o serviço de ginecologia do hospital. Compreensivos, emitiam o palavreado de quem zela pelo cuidado; ouvia-se um conselho costumeiro que nos remetia para uma ecografia, mas nada mudaria o "curso da natureza"... Voltei a sentir o fardo das palavras frias e arrasadoras já deferidas.

Dirigimo-nos para a sala de espera e sentamo-nos, como quem espera, do nada, tudo. Ao nosso lado duas grávidas alegres trocavam confidências porque veriam novamente os seus filhos – que contraste! Nós estávamos ali à espera de um veredicto que confirmaria a perda do nosso bebé tão desejado. Apenas esperámos alguns minutos, mas pareceram-nos horas. Lá dentro uma profissional atendeu-nos de modo amoroso, e quão importante isso foi para nós naquele momento. Ela nos disse que o que estava visível no útero era tão pequeno que só podia significar duas coisas: ou a gravidez era muito recente ou o aborto já estava em progresso. Sabia perfeitamente que já estava grávida de seis semanas. Portanto... as lágrimas rasgaram pelas órbitas dos meus olhos, que sem força não as retinham no interior. Não emiti palavras, a não ser para agradecer o cuidado com que nos tratou. De seguida, a consulta com o ginecologista e a mesma declaração: sem certeza que perderia o bebé, aconselhou-me que não fizesse grandes esforços e aguardasse os próximos dias.

As horas que se seguiram foram açoitadoras. Ora tinha perdas, ora não tinha. Ora tinha esperança e acreditava que tudo correria bem, ora perdia as esperanças, agarrava-me ao meu marido e chorava.

Terça-feira, decidi sair, precisava de expurgar a minha mente do que me estava a acontecer. Durante todo o dia não tive praticamente nenhuma perda e, como uma criança que acredita nas fadas, voltei a ganhar esperança. Dormi a pensar que afinal tinha ganhado a luta.

Quão enganada estava!

O dia seguinte amanheceu ensanguentado; eu tinha perdas de sangue intensas e dores muito fortes. Tudo tinha acabado. Liguei para o hospital. Explicaram-me o que sucederia e receitaram-me medicação para as dores. Fiquei dois dias implantada à cama, chorei o que conseguia, o que podia, o que havia... Como isso poderia ter acontecido comigo?

O porquê começou a surgir, o sentimento de culpa: o que foi que fiz para ter perdido o meu bebé? As respostas não estavam em lado algum.

Como sentia a falta dos braços da minha mãe...

Passados dois dias, fui ao hospital. Na ecografia de controle via-se o útero vazio, quase limpo, boas notícias segundo o médico, que afirmou: "O aborto na primeira gravidez é muito comum... uma em cada cinco mulheres sofre aborto na primeira gravidez... Provavelmente o bebé tinha alguma malformação... a natureza sabe o que faz...", frases que ainda hoje me retinem na mente, frases que, depois de uma mãe ter perdido um filho, não deviam ser pronunciadas.

Os meses seguintes foram muito complicados. No início achava que tudo que se tinha passado não poderia influenciar a minha vida. Retomei a rotina e tentei a todo o custo esquecer a perda sem antes sentir o luto. Depois de oito meses e sinais depressivos, decidi que precisava de ajuda especializada. Fiz terapia e entendi que ainda tinha um longo caminho pela frente. Voltei à estaca zero, de modo que fosse capaz de sentir o meu luto, de elaborar a minha dor. Essa ajuda foi imprescindível para conseguir dar um lugar no meu coração à perda do meu bebé e preparar-me para uma nova gravidez.

Depois do aborto e de várias consultas com a ginecologista e a enfermeira de fertilidade, fui informada que o meu peso a mais podia ser a causa da anovulação. Durante quase um ano trabalhei para perder peso e fui bem-sucedida. A recompensa foi grande, o meu organismo resolveu "funcionar" de novo e voltei a ovular.

Em julho descobri que tinha engravidado espontaneamente. Ao mesmo tempo que uma alegria imensa se apoderou de mim, o medo extremo também...

Novamente fomos a uma loja de bebés, novamente comprei um livro sobre grávidas, novamente comprei algo para comemorarmos a gravidez: uma pequena moldura para colocar a primeira ecografia... Ainda hoje me dói escrever estas palavras, porque a primeira ecografia foi mais uma vez a confirmação da perda do nosso filho...

Por coincidência descobri novamente a gravidez a uma terça-feira, por coincidência as perdas começaram novamente a um domingo e por coincidência uma semana depois estávamos novamente sentados na cadeira da sala de espera de um hospital cheio de grávidas...

Durante a ecografia o meu coração batia descontroladamente. O meu marido não disse uma única palavra, apenas me segurava a mão; estávamos como náufragos à espera de um salvamento. Eu sabia o que ele estava a desejar, era o mesmo que eu estava a pedir: que acontecesse um milagre e ouvíssemos um coraçãozinho a bater... Só que tal não aconteceu... Assim que vi a imagem na televisão percebi imediatamente que já não havia nada a fazer. Senti um aperto intenso no peito, as lágrimas manaram e esperei pelas palavras da enfermeira. O pior confirmou-se. O saco do meu bebé encontrava-se não no cimo ou no meio do útero, mas no canal cervical. O médico informou-nos que, se o meu corpo não expulsasse o bebé e este continuasse a desenvolver-se, teria de ser operada de imediato. Era um local muito perigoso e poderia haver uma ruptura que me afetaria o útero.

Saímos do consultório arruinados.

Como reagiria emocionalmente a uma nova perda?

Costuma-se dizer que uma gravidez nunca é igual a outra. Eu, ironicamente, aprendi que um aborto nunca é igual a outro.

No dia seguinte, senti literalmente que saíam de dentro de mim "pedaços" do que fora o meu bebé. Fisicamente não sentia nenhuma dor, e isso apenas fazia que a dor emocional aumentasse.

Durante quase uma semana vivi pelejando com hemorragias, que davam sinais de querer diminuir nos últimos dias da semana, aumentando drasticamente logo a seguir. Durante a consulta a médica constatou que, afinal, no sítio onde supostamente estava o "saco gestacional", ainda havia alguma coisa. Não era possível distinguir com certeza o que, mas ela desconfiou de um coágulo. Teria de voltar outra vez e mais outra, isso era necessário para decidir o passo seguinte. Que diferentes as coisas estavam a ser desta vez, uma semana de sofrimento e de lembrança constante...

No dia seguinte ainda não me sentia bem, tinha acordado maldisposta e nada tinha mudado em relação ao dia anterior. Propuseram-me uma "pequena raspagem" policlinicamente. Os "restos" eram muito poucos para que fosse submetida a uma anestesia geral, e queriam poupar-me a isso. Dirigi-me então para a "mesa", nem sei se confiante, aterrorizada ou heroicamente. Deitei-me e olhava fixamente para um vazio que reconhecia como familiar; a médica começou a "raspar" e "retirar" os restos grudados nas minhas vísceras. Foram os piores minutos da minha vida... Não sei se demorou minutos, eu contei horas. A dada altura gritei à médica que parasse, não conseguia respirar, parecia que me estavam a "desentranhar" por completo. Quando o "tratamento" terminou, eu só pensava em como conseguiria chegar a casa e aprender a lidar com a perda de mais um filho.

As dores físicas tinham sido "tratadas", agora tinha chegado a altura de "tratar" das dores emocionais...

Esse aborto foi diferente em todos os sentidos. No sentido físico porque foi um aborto incompleto, não foram "apenas" três dias em que perdi sangue e depois tudo acabou. Não! Foram duas semanas de idas ao hospital, ecografias atrás de ecografias, procedimentos dolorosos... Duas semanas de incógnita, duas semanas de incertezas sobre o que aconteceria com o meu corpo... Mas também foi diferente no sentido emocional porque lidei com a perda de maneira muito mais "razoável". Felizmente já estava a ter acompanhamento especializado. Aprendi a conhecer-me a mim própria e as minhas emoções, aprendi que sofrer é normal, que exteriorizar os meus sentimentos é normal, que falar com os outros sobre o que aconteceu é muito importante. Que não tenho de me culpar e, principalmente, que não tenho de ter vergonha de falar abertamente sobre as minhas perdas. Essa aprendizagem foi essencial para voltar a ter o meu equilíbrio emocional.

Até hoje, devido à infertilidade, ainda não engravidei. O medo de voltar a engravidar é grande, mas a esperança de um dia, em breve, poder abraçar o meu filho é ainda maior. As tentativas continuam, os meus ciclos regularizaram-se há apenas dois meses, quase um ano após o segundo aborto.

Não sei o que o futuro me vai reservar, mas vivo o presente sabendo que estou a fazer tudo que está ao meu alcance para que um dia a minha "história" tenha um final tão feliz como a "história" de muitas mães corajosas! Estas minhas palavras são especialmente dedicadas a mães e pais que, embora tenham perdido os seus bebés, tiveram a coragem de continuar a procurar a "estrelinha" que hoje ilumina a sua vida!

E se...
Hoje pensei tantas vezes: "E se..."
E se não te tivesse perdido terias neste momento um pouco
*   mais de um ano...*
E se não vos tivesse perdido teria neste momento dois
*   filhotes...*
E se a nossa vida tivesse sido como a tínhamos idealizado,
Não estaríamos ainda só os dois...

E se não vos tivesse perdido, não chorava e não sentia esta
*   dor...*
E se... E se...
É tão difícil viver com os "E ses"...

São dias complicados, são dias que não são todos os dias...
Mas são dias com os quais tenho de aprender a viver,
E vivo, eu sei, mas não consigo evitar estes sentimentos,
Não consigo controlar as recordações,
Não consigo evitar a nostalgia,
Não consigo evitar a saudade,
Não consigo evitar a tristeza,

Não consigo evitar... Há dias que tudo é mais forte,
Parece que tudo ganha um peso maior,
Parece que tudo tem um significado diferente...

Eu sei que é apenas um dia,
Mas é um dia especial.
Como eu queria que tivesse sido mais que especial este ano,
Como eu queria que tivéssemos festejado a três... ou a
    quatro...
Mas festejamos a dois...
E, embora com um sorriso,
Por dentro não consegui sorrir, por dentro sofria,
O meu coração doeu tanto...

Eu sei que vai passar, eu sei que amanhã será outro dia.
Amanhã terei de olhar para o amanhecer
Pensando que a esperança não me abandonou,
Acreditando que um dia vai ser possível...
Eu acredito, mas hoje...
Hoje não consigo deixar que uma lágrima escorra,
Hoje não consegui deixar de pensar
Em como a vida é tão diferente do que idealizamos...

SÓNIA FERNANDES

Entro na banheira, começo a molhar as pernas e a barriga, passo a mão para lavar o sangue que ainda filava o meu interior e tateio alguma coisa.

Escolhemos janeiro de 2007 para começarmos a tentar ter o nosso primeiro filho. A idade começaria a pesar um pouco. Eu tinha 31 anos, o meu marido 35. Na véspera da passagem de ano ofereci-lhe um livro sobre a gravidez, de forma a oficializar a nossa nova meta e também para aprendermos mais sobre o assunto.

Sempre tive a sensação que, apesar de ter tomado a pílula durante uns catorze anos, conseguiria engravidar com bastante facilidade. Dia 5 de janeiro abneguei desse pequeno comprimido que guarda a capacidade de rastrear a vida.

O meu primeiro ciclo foi desgastantemente longo, 34 dias, ao fim dos quais umas borras castanhas soltavam-se do meu interior com um aspecto perverso.

Nas duas semanas seguintes tive mais três sangramentos, intercalados por períodos rosa-acastanhados. A preocupação daquelas nuances impeliram-me a fazer um teste de gravidez ao fim do dia; espantosamente, surge o positivo. Tremi, transpirei, não sabia se ria ou se chorava, tinha na palma da mão o meu filho, a minha vida presa na dele.

Para descartar qualquer problema escondido por detrás daquelas manchas pérfidas, decidimos ir ao hospital naquela mesma noite. Fiz a viagem toda com uma apoquentação anormal, que contrastava com a confiança na hipótese de tudo estar bem. Fui atendida rapidamente, como se esperassem por mim. Na triagem, uma enfermeira fez as perguntas iniciais e mediu-me a tensão seis vezes. Estava muito alta, a ansiedade que me envolvia era uma máquina automática.

Já na sala da ecografia, o tempo não se fez notar na sua volubilidade – tão depressa entrei, tão depressa saí com um veredicto: amenorreia de sete semanas mais cinco dias com restos ovulares de cerca de oito milímetros; aborto em evolução. Não ri, não chorei, não pestanejei... Não estava à espera daquela notícia e simplesmente fiquei hirta, presa no meu corpo, que coibia qualquer movimento.

Do outro lado da porta, o meu marido olhava-me com uma cara preocupada. Murmurei-lhe um simples "Perdi" e estendi-lhe, num gesto entediante, o envelope com o relatório médico e uma fotografia do meu útero vazio, sem o nosso "bebé".

Fizemos a viagem de volta a casa em silêncio, entramos em casa em silêncio e deitamo-nos em silêncio. Apagamos a luz e as lágrimas brotavam pela cara abaixo...

A minha estrelinha não tinha vindo para ficar, era uma estrelinha cadente. Avistou-se no céu, mas foi-se embora.

A 23 de agosto, cinco meses após o aborto, tinha uma segunda oportunidade no regaço, estava uma vez mais grávida. Andávamos contentes, tirávamos fotos à minúscula barriga que desafiava a gravidade e crescia, pensávamos em nomes, víamos listas de coisas a comprar, fazíamos planos. Os dias autorizavam-nos essas alegrias, tudo corria com normalidade, pelo menos para mim. Não tinha sintomas de grávida, nem sinais da tal cara de grávida que o meu homem diz que todas as prenhas têm. Só mesmo o peito um pouco maior e os mamilos mais sensíveis ao toque.

Numa madrugada, de um dia que deveria ser apenas mais um dia feliz na vida de uma grávida, acordo às seis horas para ir à casa de banho e num instante, que parece ter estagnado, uma mancha sanguinolenta marcava a minha mão como uma chaga. Impaciente, perfurei-me mais e uns restos rosa-escuros vinham agarrados ao resto do papel. Não hesitei mais, procurei desesperadamente uma urgência!

Novamente as cansativas perguntas de rotina e o compasso de espera. O terrível compasso de espera, quando se precisa que tudo corra. Uma hora depois enfrentava o ecógrafo pela segunda vez. Ele revelou uma vesícula gestacional *in utero*, com embrião com 0,6 centímetros (compatível com seis semanas e quatro dias). Não foram observados ecos cardíacos. Não me deram a fotografia do bebé, não me disseram se estava tudo bem, se estava tudo mal... Eu contava oito semanas e uns dias e eles afirmavam que eram seis. Um calafrio circundou-me, senti-o quando ao de leve profanou as minhas roupas e me tocou na pele. Aquelas duas semanas de diferença martelavam, constantemente desafiavam a minha percepção real do tempo de gestação que deveria ter.

Enquanto tentava encontrar alguma paz nesta gestação, uma descarga sangrenta destilava do meu corpo. Comecei a pensar no pior, deitei-me inerte no sofá, para salvar o que já não podia ser salvo. Ao fim do dia vi aqueles "pedaços" desamarrarem-se das correntes que tentava fortalecer. Perdi... O sangue escoava continuamente ao longo do dia e durante a noite, deixando-me a certeza da partida do meu filho. Mas a partida dos nossos filhos não é muda, é constituída por um grito que apenas nós conseguimos apreender. É um berro desenhado nas dores que escoltam aquele soro nauseabundo a sangue. Entro na banheira, começo a molhar as pernas e a barriga, passo a mão para lavar o sangue que ainda filava o meu interior e tateio alguma coisa. Senti algo a passar-me entre os dedos e a cair no fundo da banheira; olho e lá estava, aquele "cilindro", que numa das pontas tinha algo semelhante a uma esponja. Era vermelho escuro, a "esponja" meio lilás. Media cerca de cinco centímetros de comprimento por dois de largura. Fiquei imóvel a olhar para o que seria o nosso futuro filho, sem vida, sem ligação ao útero que o ajudaria a desenvolver-se... Tirei-o da banheira enrolado em papel higiénico e pedi ao meu homem para o mandar sanita abaixo. Que mais poderia fazer?!

Todo o tempo que decorreu após essa perda foi um período difícil, seguiram-se dezenas de exames, momentos de completo suplício em que as forças cedem pelas nossas pernas e pensamos nunca mais conseguir erguer-nos. Optamos sempre por não contar das perdas aos nossos familiares; para quê? Para os fazer sofrer? Para sermos vítimas das típicas perguntas tacanhas e obtusas? Não, guardamos esses lutos na nossa alma e sobrevivemos.

Nenhuma mãe desiste do seu filho; vai no seu encalço, procura-o, fareja-o até que o prende por uma varinha de condão ao seu ventre. Uma vez mais, sentia que poderia ser desta vez, estava grávida e confiante à quarta semana de gestação, com os peitos doridos, inchados e cólicas que adorava sentir.

Entre a sexta e a sétima semana fui invadida por um péssimo pressentimento. A dor no peito desapareceu como por magia e a barriga parecia-me mais pequena. Passei a ser escrava do meu corpo e não parava de atacar o peito com as minhas mãos, queria sentir a mesma tumefação, que visivelmente já lá não estava; escondia-me para ver a barriga ao espelho, queria ter a certeza que se tornava saliente, mas era visível a sua timidez. Mesmo assim, fazia planos, escolhia nomes... mas continuava a não conseguir prender o meu filho. Assim que a médica encostou a sonda na minha lisa barriga e olhámos para o écran... apenas um nada... nada... não existia bebé.

A médica tentou animar-nos, mostrar-nos que não estava tudo perdido. Afirmou que um dia conseguiríamos, que ela nunca deixaria de tentar ajudar-nos, que faria tudo que pudesse para nos ajudar. Ficámos de rastos. Saímos encostados um ao outro, como caminhantes de uma longa viagem. Mais um regresso em silêncio... Palavras para quê?

Teria de voltar a defrontar uma perda, que não demorou muito a acontecer. Horas depois, percebi que algo tentava escavar a sua saída, sentia essa pressão ao fundo da minha vagina. Subi as escadas, ofegante, cada passo pesava uma tonelada; sabia o que veria. Voltaria a ver o meu "bebé" tal como o tinha visto na banheira no aborto anterior. Entrei na casa de banho e vacilei antes de me sentar na sanita e baixar as cuecas[5]; tremia por todos os lados, mas tinha de ser assim. E vi, novamente...

---

5. Calcinha.

Fiquei a olhar, estática, quase como num reconhecimento fraternal. Pareceu-me ter visto a cabecinha, os olhos, as orelhas. Seria a minha imaginação? Ou daria mesmo para ver? Não me quis torturar mais. Enrolei-o no absorvente e coloquei-o no balde do lixo. Pus o meu filho no balde do lixo como se fosse uma embalagem de champô vazia que se deita fora. Que mais poderia fazer? Enterrá-lo no quintal?

Quando encarei o meu marido, ficámos ali, abraçados...

Hoje podemos, finalmente, fazer planos, escolher nomes, contar à família e restantes amigos: carrego no meu ventre, protegido e cheio de vida, o meu quarto filho.

A todas as mulheres, por muito que sofram, por muitos abortos que levem os seus sonhos para um espaço e um tempo que aparentemente não podemos resgatar, digo que não desistam, procurem a ajuda certa... Um dia... um dia vão conseguir realizar o seu sonho. E nesse dia tudo valerá a pena, mesmo o longo e tortuoso caminho pelo qual peregrinaram.

ANA DE SOUSA

*Não me caiu uma lágrima nesse momento. Estava seca
de sentimentos. Árida de vida.*

Meu querido:
Hoje nascias. Eu hoje ia ser mãe.

Sim, eu sei que era hoje, só uma mãe pode ter tantas certezas, e sei também que eras o meu menino.

Chamem-me louca, idiota, masoquista, mas são raros os dias em que não sinta a tua falta dentro de mim... mesmo sem nunca ter tido o prazer de te sentir.

Partiste e deixaste um vazio ainda maior, ninguém sabe ao certo porque é que não pudeste ficar, e essa incerteza devora-me por dentro.

Lembro-me do dia em que eu e o teu pai decidimos que tinha chegado a ocasião, mesmo contrariando tudo que é normal, mesmo sabendo que não era a melhor altura, mesmo com grande parte da família a dizer que devíamos esperar... Eu e o teu pai sabíamos que era, sim, o melhor momento.

Não queríamos ficar mais tempo sem ti.

Foste feito dia 16 de dezembro. Lembro-me de que, no meio dos beijos e abraços, o teu pai me disse que tu já estavas dentro de mim e que crescerias lindo; sussurrou-mo com tanta certeza e clareza que nunca mais duvidei. Lembro-me de tanta coisa desse dia... Ficou marcado na memória como se já soubesse que daquela tarde de amor virias tu, meu príncipe.

Natal... a primeira vez que desconfiei que podias existir... que a avó desconfiou também, que o mundo desconfiava e me oferecia a oportunidade de te descobrir. Não conseguia comer as ostras cruas, que tanto adoro. Por momentos neguei que pudesse ser verdade; desculpa filho, compreende que a mãe já tinha tentado muitos anos e nunca tinha conseguido.

Dia 30 de dezembro, finalmente, consegui estar de novo com o teu pai. Estava desiludida e muito triste, assim como o papá, pois o teste de gravidez tinha dado negativo. Mas alguma coisa nos dizia que havia uma estrelinha. Eu sabia que a minha vez estava cada vez mais próxima e que possivelmente no ano seguinte tu estarias connosco também.

Os dias passavam e cada vez mais as diferenças no corpo eram evidentes, o peito doía-me... dores verdadeiramente maternais.

Eu sabia, no fundo eu já sabia, e delirava com a ideia.

A tua vinda a este mundo como meu filho já era uma coisa garantida, eu sentia que estavas dentro de mim, eu sabia com uma certeza que nunca tive antes.

Dia 3, um teste de urina permitia-me viver a sensação da maternidade na sua plenitude. Agora tinha a certeza que estavas ali.

Estava de quatro semanas e três dias.

Imaginei mil e uma maneiras de contar ao teu pai, que não sabia se ficava feliz (por um momento que ele desejava mais do que tudo na vida) ou triste (por estar tão longe).

Uns dias depois contei aos teus avós. Desculpa-os pela primeira reação, eles iriam amar-te da mesma maneira.

Primeira consulta e lá estavas tu – ou o que eu julguei seres tu – com um pisca-pisca brilhante. Mas foi tudo tão rápido... nem deu para ver e perceber bem, a médica não falou.

Pediu-me que voltasse às oito semanas, quinze dias depois.

Saí da ecografia e fui comprar-te uma roupinha, que tinha visto no dia anterior na loja aqui ao lado. Até então só tinhas as chuchas e meias do Benfica que a avó Ana te deu (nem sei porquê... ias ser do Sporting, como a mãe).

O pai pediu para te comprar um brinquedo... o teu primeiro brinquedo. Um cogumelo que fazia muitos sons agradáveis. Sei que ias gostar muito.

Às sete semanas e meia comecei a ter a impressão de que alguma coisa não estava bem... Mesmo sem nunca ter te sentido fisicamente, não te sentia mais... Eu sabia que algo tinha mudado.

Já não acordava de noite para ir à casa de banho, coisa que nos últimos dias era prática comum.

Tinha saído naquele dia em que uma forte picada me deu um sinal de alerta. "É o útero a alargar", pensei.

Assim que cheguei à loja, fui ao WC... Foi uma daquelas coisas que fazemos sem pensar, eu nem precisava de lá ir, não tinha vontade. Mas lá estava... a manchinha de sangue já lá estava. Lembro-me vagamente das coisas... lembro-me de que saí a tremer de lá, com as lágrimas a escorrerem sem as conseguir parar, nem mesmo querendo saber se havia ou não clientes na loja ou recordar que tinha uma pessoa à minha espera para uma reunião. Corri para o telefone e liguei à avó, que felizmente ainda estava de serviço no hospital. Nunca fiz tão rápido a viagem de carro até ao hospital. Guiei como uma louca, ultrapassava por onde tinha espaço, apenas queria chegar, e que estivesse tudo bem.

A médica de serviço era a minha... Fiquei feliz mal a vi, mas a felicidade terminou logo ai.

Ela já não te via, não via o embrião. "Vá para casa e repouse uma semana. Depois volte que vamos ver se ainda se pode fazer mais alguma coisa. Você é nova, faz outro... foi melhor assim."

Foi melhor assim?

Odeio essa frase!

Melhor era teres nascido hoje.

Melhor seria eu estar agora contigo nos meus braços e poder beijar-te vezes sem fim... Isso sim teria sido o melhor.

Precisava de mais respostas... Precisava de saber tudo. Precisava também do teu pai.

Num rompante de esperança, fui a outro hospital... outras urgências; estava mais calma e cheia de esperança que estivesse tudo bem. "Não lhe vou mentir, o coração está muito fraquinho e vejo uma hemorragia. Se tem a certeza do tempo como diz ter, também está pouco desenvolvido."

Não me caiu uma lágrima nesse momento. Estava seca de sentimentos. Árida de vida.

Senti só um grande medo.

Agarrei-me com sofreguidão à possibilidade de conseguires ficar comigo; por mais fraquinho que estivesses, ainda estavas lá e nem tudo estava perdido.

Durante uma semana não me mexi. Como não tinha dores, nem perdas de sangue, iludi-me.

Mas não te sentia.

Dia 7 de fevereiro… estava ansiosa por te ver, mas nem sempre a nossa vontade é suficiente para que tudo mude: "Já não se veem batimentos nem houve desenvolvimento, está a fazer um aborto retido".

Saí de lá com lágrimas silenciosas a correrem pela cara; passar no meio das grávidas felizes sabendo que estavas dentro de mim sem vida, saber que afinal nunca te conheceria… como as invejei, como desejei estar no lugar delas.

Queria gritar ao mundo a minha revolta… Eu tinha feito tudo direitinho, não engravidei à toa, fui fazer todos os exames e mais alguns…

Porquê eu?

Porquê comigo?

Eu não merecia sofrer assim.

É uma dor tão grande, um sofrimento monstruoso.

Parte de ti não queria sair daqui de dentro. Muitas meninas, como eu, estavam lá, prostradas naquelas macas habituadas a acolher corpos despojados de felicidade, à espera daquele momento mutilador, em que sentimos o nosso filho ser levado para a imortalidade… o que custou ainda mais.

Passaram-se já dias, semanas, e é árduo começar a esquecer. Trinta semanas nos separam e ainda me custa muito acreditar que te perdi.

Um beijo eterno da tua mãe, que te amou por todo o tempo que estiveste presente na minha vida, hoje esvaziada… e que te amará para todo o sempre.

ANDREIA FARIA

[...] as próprias médicas me invadiam com as suas mãos, perfuravam o meu corpo e retiravam, a sangue--frio, pedaços do que seria o meu bebé.

Uma gravidez, quando planeada, é um sonho.

É um sonho cor-de-rosa que vivemos com a intensidade própria da expectativa.

De repente tudo gira em torno da gravidez. Queremos saber tudo, pesquisamos, compramos, o sol brilha mesmo quando a chuva cai lá fora.

Mas, quando o pior ocorre, sentimos a presença de Hades, o sol apaga o seu brilhar, mesmo refulgindo todo o seu lustro no céu.

Eu tinha doze semanas quando o meu sol escureceu, quando o brilho do meu sonho se extinguiu, ali, naquela hora, de uma forma tão brutal.

Fui acompanhada a um médico particular e tudo corria bem, não havia perdas de sangue nem indícios de que o pior estava para acontecer. A minha barriga crescia e o nosso sonho também, dia para dia.

Até que... uma manhã, vivaz de cores, marcava a ecografia do primeiro trimestre.

Fui acompanhadamente sozinha fazer aquele exame, em que, pela primeira vez, trocaríamos o olhar.

Ia nervosa, sim, mas desejosa de ver o meu bebé, através daquela chapa de vidro.

Aguardei num sossego quase sepulcral.

Fui chamada instantes depois; a marquesa aguardava pelo meu corpo, tinha um ar convidativo e cómodo, porém eu sentia o coração aceleradíssimo, como o de quem está prestes a ser sacrificado.

O médico aproximou-se do meu semblante prostrado naquele leito estreito de metal, sobre o qual me reclinava, e perguntou:

— É a primeira gravidez?
— Qual a data da última menstruação? – indagou enquanto colocava a sonda sobre a barriga.
— Aqui não tem nada – afirmou. Com o rubor de uma criança que não entende o que se lhe explica, pedi que repetisse.
— Eu não vejo embrião nenhum, não tem nada, só o saco.

Foi assim que o meu mundo me caiu em cima. Tudo me foi dito com uma frieza tal que me senti a mais, dentro do meu próprio direito ao sofrimento. Fiquei prisioneira do meu corpo, não conseguia expressar nenhum gesto ou atitude; aguardava ali, abandonada a um diagnóstico, sem apoio, sem companhia, numa sala solitária, que me sufocava.

Estava sufocada. Gritava por dentro, alto, mas só eu me ouvia. Ficava surda ao som desse berro, mas precisava ralhar aos céus.

Não conseguia pensar, não sabia o que fazer.

Não tinha coragem para dizer ao meu marido – que covarde eu me sentia! –, ele ia ficar triste e não saberia como consolá-lo. Estava ali sentada, com a cassete de vídeo na mão, sem saber o que fazer. Uma cassete que tinha gravado aquilo que nunca pensei trazer.

A cassete ainda hoje jaz lá em casa, não tive coragem de a deitar fora, nem de a ver, mas acredito que um dia o faça.

Lembro-me de, sozinha naquela cela do consultório, escrever uma mensagem SMS a uma amiga que apenas dizia: *não tenho bebé nenhum.*

Naquela noite mal dormimos, chorei e derramei choro... O dia seguinte não seria fácil, e eu sabia disso.

Eram cerca de onze horas quando desbravei o hospital em direção à médica. Ela repetiu a ecografia, vi o saco gestacional e dois pontinhos, os meus filhos, parados no tempo, no meu mais profundo interior. Pararam de lutar pelos meus braços às seis semanas. Ao fim de oito dias de desapego à minha maternidade, encontrava-me internada, mais calma, mais consciente, mas com um buraco no peito.

O aborto foi-me provocado com pastilhas, mas, como nada se desprendia do meu ser, várias vezes, as próprias médicas me invadiam com as suas mãos, perfuravam o meu corpo e retiravam, a sangue-frio, pedaços do que seria o meu bebé. Comparo esse cenário a uma chacina.

Colocaram dentro de uns frasquinhos pedaços de mim, partes dos meus filhos.

Hoje voltei a perceber o tilintar do brilho do sol, estou novamente grávida, grávida de trinta semanas. É uma menina, estamos ansiosos que nasça, pois queremos ter a certeza de que está bem. A minha filha, que carrego melindrosamente, viu partir um irmão, que crescia ao seu lado, no ninho que ainda hoje ocupa.

Numa nova provação de resistência, após uma ida à casa de banho, durante a noite, um dos bebés ficou na minha mão.

Felizmente consegui amparar esta menina. É uma sobrevivente.

Hoje temos no seu quarto uma moldura com o seu palpitar às doze e dezanove semanas, ao lado da ecografia com as nossas estrelinhas, que partiram cedo demais.

Amamos muito a nossa filha, mas as lágrimas viajam pelo meu rosto sempre que me lembro dessas estrelinhas cadentes, que estavam aqui, mas que não nos pertenciam.

CELESTE

[...] [senti] o meu bebé ceder à decisão da natureza; saiu do meu corpo sem que o pudesse reter, saiu, ali, em frente daquela enfermeira que olhava para aquela cena dantesca com os olhos empanturrados de vulgaridade.

A perda do meu primeiro filho agrilhoou-me a um sofrimento perverso em novembro de 2007. Mas tudo começava em outubro, quando descobri que estava grávida.

Com oito semanas de gestação, uma perda de sangue afoita colocava-me em alerta. Dirigi-me ao hospital com a impaciência de quem aguarda por água quando morre de sede. Fui confrontada com a possibilidade de estar a desenvolver uma gravidez não evolutiva, não detectavam o batimento cardíaco do bebé e, de repente, estando a gerar vida, me via confinada à morte, que domiciliava o meu ventre.

Fiquei devastada, com a sensação de ser transportada por algo ruim, por algo funesto, que a qualquer segundo me tombaria e não me permitiria erguer.

Mandaram-me para casa, pois deveria aguardar, aguardar... aguardar o quê?

Percebi, dias mais tarde, as dores, que rompiam fortes através da minha adiposidade e propagavam o sangue, esse fluido viscoso que augura sempre a nossa fraqueza. Tive tempo de penetrar aquele hospital e sentir o meu bebé ceder à decisão da natureza; saiu do meu corpo sem que o pudesse reter, saiu, ali, em frente daquela enfermeira que olhava para aquela cena dantesca com os olhos empanturrados de vulgaridade. Senti-me imunda...

Voltámos para casa, eu e o meu marido, destroçados por um vazio promíscuo, que tentávamos preencher à força com pensamentos positivos.

Três meses após o desgosto da perda do meu primeiro filho, estava grávida de novo! Tentava ficar alegre, tentava viver esse novo estado de forma infantil, acreditando na magia de gerar um bebé, mas era inevitável que a tentasse prender dentro do peito quando pensava no passado recente. Repetia incessantemente que tudo tinha de correr bem, seria demasiada crueldade e injustiça correr mal uma segunda vez. Mas nem sempre a vida é justa...

Rapidamente surgiu o momento da primeira ecografia; estávamos muito inquietos e o tempo parecia brincar com a nossa ansiedade, mas o nosso peito transbordou de felicidade logo que o médico viu e ouviu o coração do bebé no seu pulsar imparável.

Tínhamos uma gravidez evolutiva!

O nosso bebé era uma criança cheia de vitalidade, muito mexido, saltava dentro do seu pequeno espaço, como se aquele local fosse a única extensão do mundo e ele o seu rei. Foi maravilhoso ver o nosso bebé, o nosso menino, ali, tão cheio de vida. Aquelas imagens, guardo-as gravadas no meu canto dos tesouros.

Devido à minha idade, 36 anos, achámos melhor fazer uma amniocentese às dezasseis semanas e um dia. Era um exame que acarretava alguns riscos, mas estava confiante, apesar de um nervosismo inóspito me soprar uma brisa de incertezas. Ainda assim o exame aparentemente correu bem, vimos o nosso bebé a mexer-se e o seu coração a bater.

Seria a última vez.

Às dezassete semanas e cinco dias, uma nova consulta prenunciava um pesadelo castrador que já conhecia, e a roleta russa recomeçou o seu jogo. Pouco depois do início da ecografia, o médico, num tom firme e omnisciente, diz-nos que o bebé não tinha ritmo cardíaco, estava morto. Não queria acreditar. O mundo perdia-se de mim. Pensei que morria ali e penso que uma parte de mim morreu mesmo naquele dia.

Disse-me ainda que "parou de se desenvolver às dezasseis semanas e um dia". Precisamente no dia em que a amniocentese foi realizada. Uma culpa trituradora espremia-me a alma, arrependia-

-me de ter feito o exame e aquela sensação era destruidora. Saímos do consultório moribundos, completamente desprovidos de energia vital, éramos dois corpos sem vida que deambulavam magnetizados por gestos aprendidos; chorávamos juntos numa dor e numa tristeza avassaladoras, que nos devoravam.

Na manhã seguinte entrava no hospital para ficar sem o meu filho. Não articulei palavras – as pessoas não falavam a minha língua –, tudo me parecia ilusório. Fiquei lado a lado, como numa batalha de rua, com a sala que agasalhava as mães que dariam à luz os seus filhos; ouvia de forma muito nítida tudo que lá se passava, o ruído do coração dos seus bebés a bater, tão oposto ao silêncio que apodrecia na minha sala... O meu desespero era titânico, cativava-me numa revolta ordinária. Nesse longa-metragem de terror surge o resultado da amniocentese: era um menino!

Durante a tarde foi-me servido um medicamento no soro que provocaria as contrações e expulsão do bebé. As dores aumentavam, a ponto de fazer-me vomitar várias vezes devido à sua intensidade. Uma enfermeira velava a minha noite, mas nem os medicamentos absolviam-me do meu sofrimento, que, além de psicológico, era agora fisico.

De madrugada, um rio jorrava do meu ventre, as águas onde boiava o meu pequeno bebé entornavam-se do seu pequeno reinado e, na sua correnteza, empurravam o meu filho de dentro de mim.

Ali estava ele... tão pequenino, todo formadinho... mas sem vida. É indescritível o que se sente. Pensei em desistir, não aguentaria passar por tudo novamente.

Mais tarde, quando no meu corpo desidratado da sua vitalidade uma fraqueza me alagava, restos da sua duração permaneciam grudados no meu útero. Restava-me uma última provação – teria de ser submetida a curetagem. Foi rápido e indolor, contrariamente a tudo que havia ocorrido: uma interminável lassitude e dor.

Tinha terminado tudo... Não, não terminara, o nosso filho ficara prostrado naquele local e para sempre no coração e na memória dos pais.

Tem sido muito duro, muito difícil de aceitar. A dor e a angústia são companheiras permanentes de caminhada, uma revolta imensa manipula as nossas crenças, a sensação de perda e de vazio por vezes é insuportável. Começo aos poucos a ver um novo caminho, a fazer as pazes comigo, com o mundo, com Deus. Começo a sentir renascer a esperança de ainda ter um filho para poder abraçar e amar.

Quero deixar uma palavra muito especial para o meu marido, que, também com a sua dor e sofrimento, foi o meu pilar, a minha força. Para ele, o meu amor.

SUSANA GABRIEL

Hemorragias filtravam-me sagazmente, o sonho queria desvanecer-se ao mais simples sopro, nem o hospital conseguia fazer aquela seiva sanguinolenta parar.

Vivemos pelos sonhos, mesmo quando eles guardam o mistério de todas as coisas e nunca temos a certeza de os podermos tornar realidade. Eu tenho um sonho – o sonho de poder ter uma família numerosa.

Há cerca de dez anos, quando decidi casar, sonhava com a ideia de entrar naquela igreja já grávida, e tinha a persuasão plena de que ninguém daria por isso, afinal só faltavam dois meses para me tornar esposa do homem que escolhi ter ao meu lado. Numa arrojada atitude de adolescentes, decidimos desafiar as regras e fiquei grávida. Um dos meus grandes sonhos estava a realizar-se – o meu filho participava do casamento que unia duas almas em completa sintonia.

Grávida de dois meses, atravessei aquela basílica, que nos abençoava e glorificava num prefácio de vida conjunta. Ninguém notou que uma milagrosa energia se desenvolvia em mim; o nosso rebento germinava nas minhas profundidades e participava no berço de uma incipiente família, estava lá e isso era o que contava para nós.

O nosso enlace foi um momento maravilhoso, a tal quimera tomava forma na minha essência como pessoa, tudo isso era demasiado importante na minha vida.

No decorrer do dia, consciente ou inconscientemente, colocava repetidas vezes a minha mão sobre a barriga, talvez para lhe dizer que estava bem presente entre nós, talvez porque um coração de mãe pressagia as tempestades, talvez porque, quando o sonho é real, carecemos de não o deixar fugir.

A verdade é que, um mês após o meu sonho estar presente, o horror aquartelou-nos na sua fúria. Hemorragias filtravam-me sagazmente, o sonho queria desvanecer-se ao mais simples sopro, nem o hospital conseguia fazer aquela seiva sanguinolenta parar. Comunicaram-me, após observação, que o meu bebé estaria com uma malformação e por isso deixou de evoluir. "Há mais marés que marinheiros", disseram-me, como se a solvência à morte do meu filho residisse em desprezá-la. Pediram-me que voltasse pelas nove horas do dia seguinte, com roupa necessária à permanência por 24 horas.

Chocou-me a normalidade que a perda de um filho adquire para os "doutores", o meu sonho dissolvia-se e eles achavam normal. Planeei o meu filho, queria-o comigo, e ele escapulia-se-me, parecia que o mundo conspirava contra mim.

Tive uma noite inexplicável...

Chorei, deplorei-me, sentia-me a ressequir, não dormi a tentar equacionar mil e uma explicações para o que estava acontecer, nunca tinha imaginado que me pudesse acontecer tamanha dor, até aquele dia a palavra aborto era-me estranha.

Acabei por ficar internada quatro dias.

Rememoro o discurso das enfermeiras e das restantes pessoas: diziam-me que era normal e que podia tentar novamente, insistiam que era nova e que podia voltar a sonhar.

E sonhei... Após dois meses conceberia e perderia novamente.

Culpabilizei-me até à exaustão... Sentia um turbilhão de sentimentos inexplicáveis a borbulhar no meu mais côncavo íntimo, que poderia descrever nestas folhas sem ter fim.

Quando decidi que teria direito a uma nova oportunidade, fi-lo aguardando seis meses, com a esperança de que esse tempo de interregno fosse a chave ao insucesso anterior.

Grávida pela terceira vez, redobrava os cuidados, reforçava a minha esperança, alimentava-me de fés, mas uma vez mais de nada valeu, o sonho de ser mãe abateu-se em cima de mim, com a força implacável da natureza.

Os meus sentimentos encontravam-se em guerra, não conseguia suportar a regra natural de seleção, experimentava uma revolta ávida de desforra, a raiva nutria-me um menosprezo ao mundo e tudo que o rodeava, ninguém podia imaginar o que se amontoava no meu coração, nem os que me rodeavam sequer previam.

Odiei tudo e todos pelo que me estava a acontecer, isolei-me até consentir que a depressão fosse a minha melhor guia, apinhava--me de sentimentos demolidores, não sei como ganhei forças para debelar tudo isso.

Durante um ano, sorvido pelo trabalho, abstraí-me daquilo que tanto ansiava e desejava. Lutei por novas prioridades, novas convicções e acreditava piamente que outras precedências estavam esboçadas naquela fase da minha vida, mas a desejada gravidez sobreveio; depois de tudo que já tinha passado, estava grávida, pela quarta vez, cheia de medos, abarrotada de inseguranças, sentimentos que não conseguia explicar desenhavam-se a uma velocidade perturbadora.

Tinha atingido as nove semanas de gestação, quando perdas sanguinolentas me lembravam o desfecho. Fui enredada por um repouso absoluto, que me deixava com o coração nas mãos a cada minuto do dia. Foram quarenta semanas de gravidez passadas vagarosamente, mas o meu sonho tornava-se realidade, depois de tanto esforço...

Como eu tenho um sonho – o sonho de poder ter uma família numerosa –, senti o apelo à maternidade transcorridos dezasseis meses do nascimento do meu bebé. Fui atrás desse sonho da família numerosa, mais uma vez, e mais uma vez a vida decidiu por mim, perdia mais um filho com a facilidade com que o vento derruba as folhas, todos aqueles sentimentos angustiantes voltavam com a mesma intensidade, a mesma forma, a mesma textura. Valeu-me o meu filho, com o seu sorriso, seus olhos...

Como eu tenho um sonho, insisti, porque os sonhos não se devem perder, não os podemos olvidar, são parte nossa, sem eles não só os perdemos como nos perdemos. E, quando um sentimento de perseverança nos ilumina, a vida permite-nos ser felizes, agarrar o sonho, mesmo quando o achamos dissipado.

Estava grávida!

Marquei consulta, fui ao médico, vi o meu embrião, batimentos cardíacos testemunhavam aquela vida de sete semanas e três dias no meu ventre. Recebi ordens para trabalhar, não existiam impedimentos a uma vida normal, mas bastaram dois dias, dois dias de trabalho, para dores fulminantes me prenderem ao corpo; detectaram-me uma infecção urinária e um bebé que já não coabitava no meu interior. Convenci-me que o meu destino era aquele e que Deus me tinha reservado tal provação, talvez para ver aonde conseguia ir, para medir a minha resistência ou até para mensurar tal sofrimento.

Fora enfraquecida por um caminho extraordinariamente tortuoso.

Fui aconselhada a pedir ajuda à medicina de reprodução; essa solução apaziguava-me. Fui para casa com esses pensamentos que me animavam, existia uma alternativa!

Fiz várias consultas, vários exames, um longo ano desenhava um novo perfil para a nossa família. O meu primeiro tratamento foi realizado com a esperança de ser o único, que iniciaria e terminaria um ciclo que há tanto desejava.

Não resultou!

O tratamento, o meu mundo, derrocou sobre mim.

Não consegui suportar a situação, solucei infinitamente, escondida, como se esconde um refugiado de guerra, temente de ser descoberto. As noites abraçavam-me silenciosamente, nesse chorar obstinado.

Ninguém me compreendia…

Tudo que me diziam deixava-me mais zangada. Optei pelo silêncio, por esse quarto escuro onde o grito é abafado, limitado, onde apenas estamos nós para o julgamento. Mas convivemos com armadilhas e eu fui capturada.

Caí em depressão.

Fui medicada, alienaram-me de tanto sofrimento para me libertar.

Dois meses de medicação, dois meses de uma nova visão do mundo, e eis que a menstruação não aparece; descobri que estava grávida nesse estado de sobrevivência, não sabia se havia de chorar ou rir, foi um choque!

Apressei-me a marcar consulta com o meu obstetra e fizemos uma ecografia que nos revelava os latejos famintos de vida do embrião. Mas o meu passado estava lá, colado a mim, atento aos meus passos, e recapitulava cada sofrimento encarnado na alma. Fiz repouso, mas isso não impediu que um descolamento da placenta me infernizasse as últimas forças que possuía.

Os dias eram longos e imperecíveis, o tempo não passava, eu cobiçava o seu fluir para ver chegar o meu bebé aos braços, livre daquela ameaça. Mas o tempo é desapiedado, acarreta as boas e más notícias, os bons e maus finais, e o meu dia nefasto aproximou-se, nesse tempo que eu não queria ver parar. O meu bebé era incompatível com a vida; a tristeza domiciliou-se em mim, sabia que era a melhor decisão por termo à gravidez, mas que faria eu com todo aquele amor que explodia no peito?

Fui submetida a um parto normal, foram três dias intensos e que jamais se varrerão da minha memória. Já passaram cinco meses desde que fui mãe de uma menina, e sei que foi uma decisão movida pelo amor a que tomamos as duas: ela de partir, eu de deixá-la ir; por isso estará sempre aqui, a olhar por mim.

Dói, como dói saber que a mana que a Érica queria não a acompanhará nas brincadeiras, mas sei que um dia me entenderá.

A dor que sinto hoje é diferente, o sentimento de perda é maior. Mas estou confiante que vou conseguir vencer essa batalha, por mais dura que seja, e ter um GRANDE FINAL FELIZ com esse meu sonho, vindo das minhas mais profundas raízes.

CARLA CORREIA
Aquela fisionomia, o olhar da médica,
o silêncio que gritava por palavras, o monitor
que se afastava para o não ver...

Fiz acompanhamento da ovulação com ecografia porque tinha dificuldade em engravidar, apesar do processo repetitivo e monocórdico que isso implicava, e a natureza mimoseou-me com o devaneio da maternidade mais cedo do que o esperado. Conseguia o meu sonho, aquele por que todas as mulheres anseiam desde o dia em que se descobrem fêmeas; soube que estava grávida no dia 17 de março. A felicidade encheu-me a vida de mil cores e toda a família distribuía o meu estado de graça por todos que nos rodeavam. Fui à primeira ecografia com muita ansiedade e muito receio, conheço alguns casos em que as coisas não correram bem e para mim a realidade menos afortunada estava patente, não só na imaginação como na veracidade de factos. Pela primeira vez, pude ouvir o coração do meu pequenino, a bombear energicamente a sua vitalidade para todas as minhas células. Aquela imagem abalroou toda a minha forma de estar e achei, na altura, que estava a ser demasiado negativa e que tinha de tirar partido da minha gravidez, necessitava de encontrar o sossego que me faltava e combater a angústia que me assaltava do nada, e insistia em se fazer presente.

Tentei viver essa atitude o melhor que conseguia; a ecografia das doze semanas apressou-se ao meu encalço e a verdade é que dia 5 de maio estava ali. Não me passava pela cabeça o que estava para vir.

Aquela expressão, ainda hoje a encubro com outros pensamentos! Aquela fisionomia, o olhar da médica, o silêncio que gritava por palavras, o monitor que se afastava para o não ver... E a frase "Não tenho boas notícias para vocês" ecoa na memória de forma tão sonora ainda. Gelei, sim gelei, porque uma implacabilidade contra tudo quanto me rodeava culminou numa dor atroz, não conseguia sentir e ao mesmo tempo detonava em sensações. O meu bebé tinha parado de se desenvolver perto da nona semana.

Como é que não dei conta, tinha doze semanas!

Regressei à casa abarrotada de comprimidos. O processo começou rapidamente, a força química é irremissível, o nosso corpo passa a obedecer cegamente a um espectro de morte eminente, como num puzzle. Naquela noite o meu filho abandonou o corpo que o cerrava em cativeiro, sem deixar vestígio da sua fugaz existência.

No entanto, há um vestígio significativo: o vazio que eu sinto; possuo uma cova, cheia de nada, dentro de mim... Como é que isso se resolve? E, numa próxima gravidez, como gerir os medos?

Aos poucos estou a fazer as pazes comigo.

Consegui arrumar as prendinhas, roupinhas e lembranças que já tinha. Esforço-me por imaginar que, se tudo correr bem, daqui a algum tempo vão saltar da prateleira e serão usadas pelo(a) futuro(a) mano(a).

Ao longo desse tempo tenho aprendido a lidar com o que me aconteceu. É muito complicado, mas o tempo tem o seu papel de curandeiro e vai ajudando como pode e sabe. A minha mãe e irmã ainda sofrem bastante com o que se passou, a ponto de eu não conseguir falar com elas sobre o assunto; gostava muito de o poder fazer, mas sinto que elas não conseguem.

É complicado tentar explicar-lhes que me agoniza pensar no bebé que eu nunca vou saber como era, se era menina ou menino... Será sempre o meu primeiro filho, que não nasceu. Não quero nem posso reduzir o meu bebé a qualquer coisa que ainda não era, para mim ele já era tudo. Tento apenas aceitar que não nasceu.

A minha experiência tem tido diferentes momentos; há fases em que eu própria brinco com o assunto para que adquira a leveza do ar e me oxigene, preciso desse gás para conseguir falar com as pessoas que me rodeiam. Há pouco tempo fui colocada no palco da vida, quando precisamos realmente de improvisar: fui fazer análises ao mesmo local aonde tinha ido quando estava grávida. A funcionária indagou o porquê de estar isenta da taxa e eu tive de assumir, a uma pessoa estranha e em voz alta: "Eu perdi o meu filho". Descontrolei-me, emaranhei-me num sentimento de total revolta e fugi dali o mais depressa que pude. Julgava-me mais forte, mas não! Estou fraca!

Percebi que ainda não digo "Eu perdi o meu filho" em voz alta.

Cada vez que vejo uma grávida sinto uma amálgama de sentimentos contraditórios, mas uma coisa eu sei: a mulher que engravida e dá à luz um bebé saudável recebe uma dádiva.

SAIN

[...] a médica fazia alguma pressão sobre a barriga, andou ali às voltas para ver se o conseguia arrastar para o exterior, até que num ato de rabugice furou-me com uma pinça gigante e desentranhou tudo!

Para que esta história se torne mais facilmente compreensível, eis um pequeno excerto da minha vida e da minha forma de ser.

Nem sempre a vida foi mãe para mim; cresci demasiado cedo e demasiado cedo conheci as suas vicissitudes... Engravidei cedo também (18 anos); não me arrependo, pois sei que se não tivesse acontecido isso hoje não estaria aqui.

Contudo, a vida não me fez amarga ou vingativa, muito pelo contrário: apesar de pessimista por natureza quanto a coisas relacionadas comigo, sou muito positiva no que toca aos outros, e a boa disposição e o humor são coisas que, por muito mal que esteja, permanecem sempre comigo.

Conheci a minha cara-metade há alguns anos, não vou dizer que foi amor à primeira vista porque não foi! Fomos colegas, amigos e por fim um só!

Eu já tinha um filho e a aproximação foi feita muito gradualmente; ao fim de algum tempo já vivíamos os três em família.

Por muito felizes que fôssemos, eu sabia que o meu companheiro iria querer um filho "seu", não que o meu pimpolho não o fosse... Nada disso! À medida que o tempo ia passando, fomos falando em alargar a família, eu sempre quis ter três filhos, e decidimos então entrar na competição!

No início o entusiasmo era arrebatado, mas com o tempo tornava-se abalado ao fim de cada mês, ao ir à casa de banho e deparar com aquele sinal ensanguentado que nos fecha o sorriso...

Cheguei, confesso, a contar os dias, as horas, medir a temperatura; a obsessão começou a presentear-me com técnicas que forjavam a lentidão de uma espera.

Ao fim de um ano, um atraso bem mais demorado que o de costume. Algo estava a acontecer, eu sentia-o!

Fui à farmácia, comprei o teste e, num trovão de alegria, o positivo! Deu positivo!

Acalmei-me, saí novamente de casa, dirigi-me a nova farmácia, comprei novo teste (optei por marca diferente)... o suspense... o novo positivo!

O sonho se iniciava.

Começamos logo a organizar a vida em torno do bebé, que vinha para encher a nossa casa de futuro; a alegria era total, o estado de êxtase estava ao rubro, comprámos um ou outro *babygro*[6], andávamos a ver o quarto, o carrinho, a alcofa[7], ufa! Tantas coisas passavam agora a ter o poder total sobre tudo que delineávamos!

Tudo corria bem, até àquele dia em que suspeitei de uma candidíase... Decidimos ir ao hospital e, assim que entrei, uma alegria estranha, quantas grávidas, quantos bebés... e eu ali, com a minha barriguita ainda pequena, à espera da minha vez para poder reconhecer o meu filho no meu ventre.

Entrei, fiz a ecografia para ver se estava tudo bem e... num momento havia só uma médica, no outro já havia uma equipa de médicos, todos a olhar para o pequeno monitor mudo, alterando com uma ou outra sacudidela a minha barriga.

Rapidamente um aperto se apoderou do meu peito e uma lágrima escorreu. A ecografia acabou, sentei-me assustada na cadeira e a médica, olhando para mim, apenas disse: "Mãe, efetivamente o bebé tem tudo, o tamanho, o peso... Só não conseguimos ver foi o batimento cardíaco..." Perdi o controlo... comecei a chorar como um bebé, quando a primeira lufada lhes dilata os pulmões.

---

6. Macacãozinho.

7. Moisés.

Explicou-me que era perfeitamente normal acontecer aquele tipo de situação; a natureza manda; se o organismo "viu" que o feto não estava em condições, então encarregou-se de se desfazer dele. Sei que tudo isso é verdade, sei que é o melhor para todos, mas quando se anda a tentar durante um ano e finalmente se consegue é muito duro... Naquele dia, naquela altura, eu não queria saber se era deficiente ou não, eu não queria saber se tinha cinco dedos nas mãos ou não! Era meu filho e seria amado mesmo assim!

Optaram pelo beneficio da dúvida e, assim, mandaram-me para casa, carregando o meu bebé morto, e aconselharam-me a regressar dois dias depois.

Não sabia o que fazer, não sabia se ria, se chorava, se dava murros na barriga ou se a acariciava... Era muito duro, foi muito doloroso...

Foi o pior momento da minha vida, primeiro porque guardava o meu filho dentro do meu corpo sem saber de nada concreto, depois porque até então ainda ninguém sabia da nossa gravidez, por isso a dor ficou somente entre nós e a minha barriga...

Na segunda-feira de manhã daquele mês chuvoso de fevereiro, estava eu de novo à soleira da porta daquele hospital. Nova ecografia e toda a equipa de médicos... Chorei, chorei em silêncio, as lágrimas só me escorriam pelo rosto em catadupa... era o fim.

Tornava-se difícil falar, apenas aprovava com a cabeça todo aquele discurso que emitiam e me parecia um eco longínquo. Fui internada e preparada, dois comprimidos de tempos em tempos marcavam o seu ritmo demolidor. Era tudo uma questão de tempo. As idas à casa de banho eram acompanhadas por uma caneca de plástico transparente, que depois entregava à enfermeira, que analisava o seu conteúdo com desvelo.

As dores eram muitas, não só as físicas, mas também as psicológicas, que fustigavam como um tornado, e o facto de ter de ficar no mesmo serviço que as grávidas de risco não ajudava muito...

Sim, é penoso demais termos de compartilhar o mesmo quarto de hospital com grávidas de risco, que já ali repousam numa hibernação de três ou quatro meses, esquecidas num tempo que para elas parece imutável. Ao fim de um dia de dores intensas, de corridas até a casa de banho para ver se o "meu bebé" surgia naquele frasco de plástico, uma enfermeira prontificava-se para me colocar um cateter.

Desci até ao serviço, deitei-me na maca e abri as pernas.

O meu filho não queria mesmo sair, a médica fazia alguma pressão sobre a barriga, andou ali às voltas para ver se o conseguia arrastar para o exterior, até que num ato de rabugice furou-me com uma pinça gigante e desentranhou tudo! Doeu... doeu mais do que se possa dizer, escrever ou imaginar, é indescritível...

O vazio instalou-se, o fenecimento de tudo que tínhamos construído e sonhado residia num colo já vazio. O fim pode ser assim simples, como o simples ato de arrancar-se um pedaço de nós.

Rumei ao meu quarto frio, escuro e vazio, tal como eu.

Uma enfermeira, ao ver-me naquele estado fantasmagórico, sentou-se ao meu lado e ofereceu-me umas bolachitas e um chá acompanhado de uns comprimidos que ela pessoalmente tinha ido buscar para mim... A única coisa que eu queria era ir para casa.

Não tinha forças, só queria dormir, dormir durante anos... muitos anos, esquecer-me de tudo que se tinha passado.

Na manhã seguinte o mundo assistia à minha renúncia; regressava à casa sem nenhuma palavra, sem nenhum olhar, sem nada... Estava vazia.

Esperava-me o meu filho, no alto dos seus 4 anitos, que se agarrou ao meu pescoço a rir, todo contente com o meu regresso... Sorrir naquele dia, naquele instante, foi a coisa mais difícil que fiz até hoje, mais dolorosa e complicada...

Não, este não é um conto de fadas em que ao fim de três meses engravido e tudo fica bem. Não!

A verdade é que não consegui, no dia seguinte fui ao centro de saúde e entupi-me de comprimidos!

Andei assim por um ano...

Hoje, quatro anos depois, estou grávida de 22 semanas; não vou dizer que tem sido uma gravidez fácil, pois o fantasma da última gravidez continua a pairar sobre a nossa cabeça...os medos e as ânsias são abutres.

Terei o meu bebé nos braços em janeiro, e só então ficarei realmente descansada...

MARISA OLIVEIRA

Não há nada que doa mais que nos prepararmos conscientemente para entrar num hospital com um filho morto no regaço. Não há.

Aqui repousa a minha história, entre estas linhas que lhe darão a memória devida.

É longa e começa com um simples teste de gravidez feito em casa. Um teste brindado por um desígnio que nos fugia ao controlo de um futuro pleno de felicidade. Nesse mesmo dia, ao cair da tarde, caminhámos de mãos dadas até ao exame que mais nos aproximaria das feições do nosso filho durante os noves meses em que o protegeria no meu interior selado.

Assim que me abandonei ao ecógrafo, as notícias refulgiam espinhos que viriam a ser penosos: o saco gestacional tinha um aspecto um pouco amarfanhado e não redondinho, como era suposto. Saí da consulta com uma receita na mão e uma data marcada – duas semanas após deveria regressar. Partilhámos esse início de gravidez com a nossa família e com duas amigas.

Uma insegurança infiltrava-se argutamente nos dias que se seguiram no decorrer da minha gestação. Estava com dúvidas e resolvi, passados uns dias, ir à urgência do hospital de Leiria. Carregava muitas dúvidas, mas muita esperança também, porém, como numa tempestade de areia, em segundos envolvi-me num ar asfixiante, num horizonte sem panorama: a médica que me atendia, sem nenhuma reflexão, sem escolher as palavras, sem reparar que tinha à sua frente uma mãe que apenas sabia que estava grávida, disse: "Isso não vai dar em nada... Entretanto, deve começar a perder sangue; nessa altura volte cá e, se daqui a cinco dias não perder nada, venha cá para ser medicada a fim de abortar".

Se fosse um vaso, estariam ali somente nacos estilhaçados, espalhados pelo chão, sem que fossem jamais passíveis de se reconstruir.

Tal qual um peregrino no fim da sua romaria, estava corcovada, fui atingida por um cansaço repentino.

Cinco dias se tinham passado e nada, nenhuma gota de sangue desertava do meu corpo. Decidi voltar ao hospital. Fui atendida por outro médico, a quem contei toda a história. Acompanhou-me à sala de ecografias para confirmar o diagnóstico e, de repente, o deslumbramento: "Mas está tudo bem, tem batimentos cardíacos bons". Fiquei alvoroçada...

Saí do hospital com a persuasão de que necessitava de uma resposta concreta, sentia-me numa balança que pendia ora para um lado ora para o outro. Pedi auxílio ao meu médico, que constatou uma gestação normal.

Sábado, 1º de junho, foi a data da consulta das doze semanas. Ia exaltada, nervosa, mas nada preparada para o que ouviria a seguir: "Infelizmente não tenho boas notícias".

A gravidez tinha parado às nove semanas, com a agravante de uma suspeita praticamente confirmada de mola hidatiforme.

Perguntam-se: mola o quê? Pois foi precisamente essa a minha reação...

Uma mola é um comportamento anormal da placenta que ocorre quando ela cresce sem limites, agindo como um tumor. Se não for retirada poderá mesmo passar para os pulmões, sendo necessária a quimioterapia. Esse é o quadro mais grave de uma mola, a chamada mola completa, pois ocorre sem a existência de embrião. Felizmente esse não foi o meu caso, que se apelida de mola hidatiforme parcial.

O meu médico receitou-me então uns comprimidos para aquela noite e pediu que fosse ter com ele ao hospital no dia seguinte. Assim fiz, em meio a lamúrias chorosas que embargavam um grito.

Não há nada que doa mais que nos prepararmos conscientemente para entrar num hospital com um filho morto no regaço. Não há. Tinha perdido muito pouco sangue durante a noite e convenci-me que ficaria ali apenas um dia. Mas uma curetagem transmutou-se em duas, depois em semanas de internamento. Vivi momentos muito maus no hospital, momentos de desespero constante. Estava ali vomitada numa cama, sem medicamentos, sem o meu filho, sem nada. Ao longe ouvia os bebés que tinham acabado de nascer, choravam inundados pelo primeiro ar nos seus pulmões, e eu... O único conforto que tinha, além da minha família, era ver aquelas mulheres que se encontravam ali, no meu quarto, na mesma situação.

Um dia a alta foi dada e pude ir ao meu lar para tentar sarar as feridas. Mas o filme não acabava... Não. Por causa da mola estive expressamente proibida de engravidar durante um ano. Fazia análises semanais, que passaram a ser mensais, para ter a garantia de que a nefanda não tinha voltado a aparecer.

Não foi um ano fácil, foi cheio de altos e baixos. Sentia-me insípida, queria tanto voltar a tentar engravidar e não podia... tinha de esperar.

Todos os dias me lembrava daquela vida... aquela vida que acabou dentro de mim...

O que é que fiz de errado?

O que é que eu fiz para ter causado esse desfecho tão terrível?

À minha volta as pessoas diziam: "São coisas que acontecem, da próxima vez tudo vai correr melhor..."

Coisas que acontecem?

Perder um filho é simplesmente uma coisa que acontece? Não. Perder um filho dói, tenha ele a idade que tiver, esteja ele ainda dentro do ventre ou não. Um filho é sempre um filho.

Hoje estou grávida outra vez, de sete semanas. O fantasma da gravidez passada ainda me assombra, e por isso sinto que não consigo viver tão intensamente essa gravidez como devia. Até que chegue de fato ao seu fim, este coração de mãe não vai sossegar.

ANA FILIPA HENRIQUES

Em dois anos de tentativas foram quatro perdas, cada uma mais devastadora que a outra. Não encontro palavras que possam descrever como me sinto.

Estávamos no final do verão de 2005, era o ponto de partida para uma nova fase da nossa vida, uma fase de esperanças e sonhos, uma fase de encontro com a felicidade. O relógio biológico há muito que tinha despertado. Tinha chegado o momento de sermos pais. No entanto, com o passar dos meses, encaramos uma caminhada difícil e íngreme, em que fomos confrontados com a dificuldade de gerar um filho.

Mês após mês, ciclo após ciclo, esperávamos confiantes, uma e outra vez, enfrentando desilusões, mas, pacientes, continuávamos a nossa maratona. Em junho de 2006, passados cerca de oito meses de tentativas, obtivemos o nosso primeiro teste de gravidez positivo. Foi uma explosão de alegria, que depressa se transformou na mais cruel das desilusões; abortava dias depois.

Nessa altura passei a ter noção que o caminho seria mais difícil do que pensávamos. Mas não desistimos, continuamos a fazer de tudo para que o nosso bebé chegasse. Durante muito tempo esquecemos o que era vivermos felizes com a nossa vida, para centrarmos todos os esforços em gerar o desejado filho, que esperávamos com tanto amor.

Em dezembro de 2006, segundo positivo, este já mais ponderado, sem grandes alaridos, porque a desilusão anterior não deixava que a felicidade se apoderasse de nós. Era quase Natal, época mágica para mim, mas naquele ano passei a ceia de Natal triste, sem que ninguém soubesse a razão verdadeira do meu olhar vazio. Comecei a manhã do dia 24 com perdas de sangue e perdi tudo mais uma vez.

Sentia-me esvaziada mais uma vez, impotente perante os acontecimentos, o tempo escorria-nos por entre os dedos e nada podíamos fazer. Aquele olhar repleto de tristeza, sem me dizer nada para não me magoar, deixava-me ainda mais triste e zangada com a vida. Porquê nós? Estávamos cansados.

Mas se pensávamos já ter passado pelo pior, estávamos verdadeiramente enganados. Entrávamos em 2007 com a esperança de um novo ano que nos traria a esperada felicidade, mas o que não sabíamos é que este se revelaria um dos piores anos da minha vida, se não o pior.

O terceiro aborto aconteceria em maio de 2007. Tivemos mais um teste positivo no início de abril; com os pés bem assentes na terra, marquei consulta com o médico e, nesse mesmo dia, tive uma pequena perda, mais uma, fui à consulta e o médico disse que tudo estava aparentemente bem, medicou-me para evitar outro aborto e então fui para casa com um leve sorriso. Passada uma semana, nova perda de sangue, fui diretamente para o hospital. Nova ecografia, más notícias, não parecia estar a evoluir como devia. O médico enviou-me para casa e pediu que esperasse mais uma semana para vermos se haveria desenvolvimento. Devo dizer-vos que foi uma longa semana. Novamente no hospital, as notícias foram as piores. O nosso bebé tinha parado de crescer às oito semanas.

Curetagem foi a palavra feia que tive de ouvir naquela manhã.

Passei o dia e a noite no hospital, foi duro, difícil, foi insuportável a dor que senti quando soube. Estava sozinha e fui deixada em uma cadeira no corredor do hospital, à espera de uma enfermeira para preparar-me para a curetagem. Falei com o meu marido por telemóvel[8], mas durante breves minutos não lhe disse nada, só conseguia chorar e pensar em quão destroçado estaria ele, apesar de demonstrar ser forte para me apoiar.

Só depois de algumas horas estivemos juntos; chorei como nunca tinha chorado antes. Volto a chorar agora que escrevo estas

---

8. Celular.

palavras e revivo sentimentos, porque a dor ainda é muito for-te. Queria dormir durante uma semana ou um mês, isolar-me do mundo, não ver ninguém, queria desaparecer. Passamos por tudo isso sem nenhum acompanhamento psicológico; apesar de todo o carinho que recebi dos médicos e equipa de enfermagem, sen-ti-me desamparada. Senti que ninguém ali percebia a minha dor. Naquela altura já estávamos inscritos nas consultas de infertili-dade, mas mais uma vez tivemos de enfrentar uma longa espera até a primeira consulta, que era no final de outubro. Em setembro engravidei outra vez. Fui ao médico imediatamente, e fui medicada novamente para prevenir outra perda.

Mas não seria desta vez que veria o meu bebé crescer nove meses dentro de mim. Depois de uma ligeira perda de sangue e uma ida às urgências, voltei a ser confrontada com a dor de saber que o meu bebé parou de crescer às cinco semanas e meia, vol-tei a passar pelo pesadelo de mais uma curetagem. Em dois anos de tentativas foram quatro perdas, cada uma mais devastadora que a outra. Não encontro palavras que possam descrever como me sinto. A esperança esfuma-se à minha frente, uma e outra vez. Sozinhos no escuro choramos em silêncio, mais uma per-da, mais uma desilusão, mais um sonho que acabou em pesadelo. Desabamos, caímos por terra, frágeis como um castelo de cartas. Comecei as consultas de infertilidade no Hospital de Santa Maria (HSM), em Lisboa, pois na minha zona os médicos fecharam-me as portas, nada mais podiam fazer por mim, se quisesse respostas teria de rumar à capital.

Finalmente, em junho de 2008, obtivemos a derradeira resposta sobre qual poderia ser o nosso problema. A resposta viria da gené-tica, uma translocação genética poderia estar na base do problema: eu podia engravidar sem problema ou nunca levar uma gravidez a termo. É uma questão de "seleção natural"; se a natureza assim quiser, serei mãe. Mais uma vez isso foi-me dito com a maior frie-za, a realidade nua e crua. Sou forte, ou tento ser, mas me corroí por dentro perante tanta indiferença. A geneticista explicou os detalhes técnicos, o médico especialista em infertilidade limitou-se a dizer que deveria ir tentando, e que desse notícias caso engravidasse. E o sofrimento, a desilusão, o desconcerto psicológico a que nos submetemos a cada perda, o que faço quanto a isso? Deverei esquecer-me de viver a vida com um sorriso e passar aqueles que deveriam ser meus melhores anos a correr atrás de um sonho que me foge?

Sentimos na pele e na nossa relação o abanão que provoca a infertilidade; como casal quase não sobrevivemos a quatro perdas gestacionais. Ainda convivemos com os fantasmas desse problema, dia após dia. E quando menos esperamos os fantasmas surgem para nos assombrar, seja no sorriso de uma criança que passa, ou mesmo na novidade de mais amigos que vão ser pais. Neste momento não sei se voltarei a tentar, porque, caso engravide, fui aconselhada a fazer amniocentese para descobrir a pista de defeitos genéticos. Não sei se psicologicamente conseguirei conviver com esse medo durante uma possível gravidez. Não sei se me perdoaria por gerar uma criança com problemas. Há muitas coisas que não sei, porque nunca imaginei ter de pensar nelas, ou passar por elas. Neste momento consideramos a opção da adoção, que curiosamente sempre esteve nos meus planos futuros, para um segundo filho; longe estava de saber que esta poderia ser a minha primeira e única forma de maternidade.

O futuro não conhecemos, não ponho de parte novas tentativas, mas não por agora, porque existem feridas que não estão saradas, que quando menos espero teimam em doer e fazer-me lembrar pelo que passamos.

Sobreviveremos?

CATARINA DUARTE

"Perdeu sangue nos últimos dias? Não? Então vai perder nos próximos, porque este embrião está morto."

Casei-me no dia 2 de fevereiro de 2002, uma data escolhida de propósito para nunca mais ser esquecida! Mas existem outras duas datas na minha vida, escolhidas pelo destino e que ficarão gravadas com a mesma intensidade na minha alma e no meu coração até o fim dos meus dias: o dia 4 de outubro de 2004 e o dia 26 de junho de 2005.

Após o casamento, decidimos que não teríamos filhos em curto prazo porque eu ainda estudava naquela altura e também porque queríamos aproveitar ao máximo o casamento.

Por isso, em maio de 2004 deixei de tomar a pílula e, como pensei que não engravidaria imediatamente, nem me preocupei muito com a contagem dos ciclos menstruais. Em agosto o período não marcou a sua presença no calendário e em setembro descobria, por um teste de farmácia, o positivo, estava grávida! A felicidade foi extenuante, todos se inebriavam nela, era o primeiro filho, o primeiro neto, o primeiro sobrinho, todos estavam felizes pela possibilidade da chegada de um bebé.

Fui ter com a minha médica de família para que seguisse minha gravidez e escolhi a Maternidade Bissaya Barreto, em Coimbra, para dar à luz. Contrariamente ao que eu tinha imaginado, andava muito bem, sem enjoos, sem nada que me fizesse lembrar que estava grávida.

No dia 4 de outubro, após uma longa espera à porta do consultório, o meu marido, já em desespero, perguntou-me se eu ficava muito chateada se me deixasse sozinha, pois tinha muito que fazer no trabalho; disse-lhe que não e ele foi trabalhar. Pouco depois entrava para a consulta e respondia às perguntas habituais de rastreio. Enquanto me observava, a médica explicava-me que eu faria uma ecografia ainda nesse dia para apurar a idade gestacional correta. De repente, ia fazer a minha primeira ecografia, ia conhecer o meu bebezinho mais cedo do que esperava; ainda liguei ao meu marido para que voltasse, mas ele estava muito ocupado e não pôde vir.

O exame seria feito noutra sala, com outro médico. Saí da consulta com um papel na mão e um sorriso de orelha a orelha, estava felicíssima!

Começada a eco, o semblante do médico tornou-se nubloso, algo não estava bem, fiquei muda – o que seria, meu Deus? O sigilo quebrou-se ao som de "O saco amniótico está quase vazio"; na minha cabeça nem passou a hipótese de que o embrião não podia sobreviver nessas condições – quanta ingenuidade! –, mas logo o meu optimismo desapareceu, pois na sequência ele disse: "Perdeu sangue nos últimos dias? Não? Então vai perder nos próximos, porque este embrião está morto".

Fiquei aturdida, lembro-me de responder "Está bem", levantar-me da marquesa e começar a vestir-me; de repente fiquei completamente deposta, começando aos poucos a tentar raciocinar: se eu estava bem, se estava tudo bem, se não havia perdas de sangue, se não sentia nada, nem uma dorzinha sequer, como? Saí com o relatório na mão para entregar à médica que me atendeu no início da manhã; pelo caminho ainda liguei ao meu marido e dei-lhe a triste notícia, não chorei, ainda não estava em mim.

As primeiras lágrimas surgiram quando a senhora que ajuda a médica nas consultas me pediu que lhe devolvesse os prospectos nos quais estavam descritos os cuidados a ter durante a gravidez e que me havia dado antes de ir fazer a ecografia, dizendo-me que eu não precisaria mais deles! Ainda questionei se não teria havido algum engano da parte do médico que me fez o exame… mas não houve. Fiquei internada nesse mesmo dia para a expulsão, o que não aconteceu com a ajuda dos comprimidos, então tive de fazer curetagem. Deram-me três meses de intervalo para voltar a tentar.

O que mudou em mim depois da perda?

Muita coisa, a começar pelo meu desejo de ser mãe... Confesso que a maternidade nunca tinha sido um objetivo primordial na minha vida até aquele momento. A partir dali ter um filho tornou-se quase uma obsessão, era como se eu tivesse necessidade de provar a mim própria que conseguia ser mãe. Não houve pressões externas nesse sentido, a pressão vinha de dentro de mim, era muito importante conseguir logo uma nova gravidez.

Os meses seguintes foram muito cinzentos; eu que era uma pessoa muito bem-disposta, sempre a rir, ninguém me reconhecia! Chorava por tudo e por nada, irritava-me facilmente e tornei-me mais calada.

A partir de fevereiro 2005, comecei a registrar os meus ciclos menstruais e a namorar; tive o meu último período no dia 18 de abril. Estava novamente perante um teste positivo. Devido ao historial de perda, a médica passou-me uma carta para que eu entregasse na Maternidade Bissaya Barreto, onde seria seguida; fiquei a aguardar que me chamassem para a primeira consulta. A aguardar... quem disse que conseguia esperar fosse o que fosse? Comecei a entrar num estresse brutal, só me vinha à cabeça que o meu bebé podia estar morto, não dormia de noite, as pessoas notavam na minha cara que andava em pânico, andava numa aflição tal que ia de dez em dez minutos à casa de banho para ver se havia perda de sangue; o corrimento normal deixava-me numa ansiedade enorme, a minha angústia tornava-se insuportável!

Tinha medo de dizer às pessoas que andava muito aflita, eu tinha a certeza de que tudo se repetiria, por isso sofria em silêncio, para não enfrentar olhares e comentários inquisidores.

E a maternidade nunca mais me chamava... Num dos meus ataques de pânico, porque deixava de sentir sintomas de gravidez, confidenciei a uma amiga e colega de trabalho que achava que o meu bebé já estava morto, o que me obrigou a ir às urgências. Ainda sem ser chamada para a primeira consulta, pude ouvir o coraçãozito do meu bebé pela primeira vez. Foi uma felicidade imensa, nem sei descrever o que senti, foi tão emocionante que chorei de alegria e voltei para casa mais confiante. Mas essa confiança durou apenas uma noite: no dia seguinte, voltava tudo ao mesmo estado, o meu instinto de mãe gritava-me que perderia o meu filho mais uma vez. Era horrível, e eu andava totalmente desgastada.

No dia seguinte, 26 de junho de 2005, fomos à Coimbra para a consulta com o doutor Loureiro, que tentou deixar-me confiante, passar-me coragem e serenidade. A verdade é que fiquei mais calma e dei os passos necessários à sala da ecografia. Débeis minutos após o começo da eco, olhei para a cara do médico e percebi de imediato que tinha perdido o meu filho, tudo se repetia, mais uma vez sem nenhum sinal de que alguma coisa não estava bem, nem sangue, nem dores, nada...

Desta vez chorei, desta vez tive a companhia do meu marido, chorámos os dois... E, no dia seguinte, fui internada para a expulsão, que tal como na primeira vez não aconteceu naturalmente. Estranhamente, senti como que um alívio, porque eu não andava bem, era impossível andar nove meses naquele pânico. Além disso, o doutor Loureiro me garantiu que não esperaríamos por um terceiro aborto para fazer os exames a fim de descobrir um possível problema; o que eu mais temia era que houvesse algo que me impedisse de levar uma gravidez até ao fim.

No final de setembro e após ter feito todos os exames e mais algum, concluiu-se que não havia problema nenhum, poderia começar a tentar de novo de imediato, e foi o que fiz!

No dia 26 de outubro de 2005, trespassava a porta do consultório para confirmar nova gravidez. Dessa gravidez, muito sofrida, receosa, porque quem passa por essas experiências nunca mais consegue viver uma gravidez cheia de paz e alegria, como deveria ser, nasceu o João Maria, hoje com 26 meses cheios de saúde, e que é a luz do meu viver!

Por isso, também eu sou uma prova de que um sonho pode se realizar se lutarmos sempre até ao fim, nunca desistirmos e, sobretudo, tivermos muita fé e acreditarmos nele com todas as nossas forças!

II

TOMAR UMA DECISÃO, VIVER UM CONFLITO

MARIA CONSTANÇA

Queria saber se [a minha filha] sofreria durante o processo que se seguiria... Garantiram-me que a adormeceriam e não sentiria nada.

Chamo-me Constança, vivo num corpo de 42 anos, que gerou quatro filhos, um deles, o meu milagre, aqui, junto de mim, e três pequeninos no céu, todos guardados para sempre no meu coração.

Expor os meus sentimentos, o que me vai na alma, nunca foi o meu forte, mas hoje sinto que o devo fazer, pelos meus filhos e por todos aqueles que possa ajudar por meio destas palavras.

Fui mãe pela primeira vez em 1996, da Mariana, num momento complicado da nossa vida, o que não nos permitiu dar logo um irmãozinho a ela. Esperámos que as coisas melhorassem e voltámos a pensar nisso. Desta vez a dificuldade não nos dava tréguas e, somente depois de quase quatro anos, quando já acreditávamos que não haveria mais nenhum bebé, aquilo que eu comecei por considerar ser uma crise de fígado foi revelado por um teste positivo!

Foi uma felicidade imensa, num impulso contámos a toda a gente e, claro, à Mariana, que ansiava por um irmão.

A primeira ecografia aconteceu quase às treze semanas.

Ia feliz...

Fui sozinha, pois o pai não se conseguiu libertar de alguns compromissos de trabalho, mas estava confiante, a minha experiência anterior tinha sido tão boa que não me preparou para a possibilidade de algo poder correr mal.

Entrei no funesto consultório, que me esperava sedento, como quem espera por um motivo para se exibir. Lá dentro, o médico pertencia a uma decoração que se tornaria um antro bélico. Inquiriu-me metodicamente, fazendo as perguntas habituais e rotineiras; estávamos frente a frente, como num julgamento final.

Nunca mais vou esquecer aquele dia...

Demos um passo em direção ao aparelho de ecografia e prostrei-me diante dele e de toda a sua autoridade, e lá estava ele, o meu bebé, lembro-me de dizer: "Está ali o bebé", e depois aquela taciturnidade, estilhaçada pela voz pesarosa do médico: "Está, mas não está bem, não há batimento cardíaco!"

O meu mundo pareceu ter desvitalizado ali, fiquei petrificada, sem emoção, apenas um gelo mortal me assumia como presa. Não queria acreditar, o meu bebé tinha desistido de viver às oito semanas e cinco dias, mas o meu corpo não identificou a sua partida e todo o resto continuou a evoluir de acordo com as quase treze semanas com que deveria estar naquela altura.

Porquê?

O que tinha acontecido?

Tinha sido alguma coisa que eu fizera ou deixara de fazer?

Não, o médico disse-me logo que eu não tinha culpa, que essas coisas acontecem com mais frequência do que pensamos. A natureza age ironicamente sobre aquilo que nos permite gerar; havia algo errado com o meu bebé que não o deixaria sobreviver e, portanto, ela atuou, mas o seu erro feriu-me entranhadamente.

Pediu que escolhesse entre deixar as coisas acontecerem por si ou provocar a expulsão. Uma vez que o meu bebé estava morto e nada mais havia a fazer, optei por apressar as coisas, não valia a pena estar a adiar o inevitável.

Agora tinha pela frente outra dura missão: controlar a minha dor e dizer à Mariana que já não teria um maninho, tentar explicar-lhe o inexplicável, fazê-la compreender aquilo que nem eu própria conseguia entender.

Chorou a minha filha, baixinho, encostada a mim...

Estávamos no dia 12 de outubro de 2006 e, no dia seguinte, daria entrada na maternidade para iniciar o processo de expulsão. Era dia de Nossa Senhora e só lhe pedi que, se tinha de ser assim, que fosse rápido e sem complicações.

Que mais podia eu pedir?

O coraçãozinho do meu filho não ia mesmo voltar a bater!

Ia com medo, aterrorizada mesmo.

O que me esperava? Como seria?

Engoli quatro comprimidos, penetraram-me com mais seis por via vaginal e puseram-me o soro. Não podia comer nem beber mais nada até tudo estar terminado. Sentia frio, tanto que não conseguia controlar os tremores. "É o nervoso, minha querida", disse-me uma auxiliar, enquanto me cobria com mais um cobertor.

Pouco depois irrompiam as dores, brutas, rudes, irascíveis, com vontade própria; disseram-me que ainda era cedo para me darem qualquer coisa, tinha de deixar os comprimidos fazerem efeito, tinha de aguentar um pouquinho mais.

E aguentei, aguentei até não poder mais, até desejar desmaiar para deixar de sentir…

Às 19h30, como num suspiro final, tudo terminou; senti algo a resvalar de dentro de mim, só podia ser o meu filho, que me fugia, que seguia uma nova viagem… o que se confirmou. Em mim, sobrou um misto de alívio e vazio e a memória da maior dor que tive na vida! Desabafei dizendo que custava mais do que o parto, e uma enfermeira me respondeu: "É que desta vez não lhe dói só o corpo, desta vez tem também uma grande dor na alma!" E é verdade, é uma dor de alma imensa que se mantém para sempre, que sim, vai-se atenuando, mas a memória dorida fica para o resto da vida.

Sobrevivi… Segui à risca tudo que o médico prescreveu e, assim que tivemos luz verde, voltámos a tentar, afinal não seria muito provável que aquilo se repetisse, e nós queríamos muito mais um filho.

Estávamos preparados para esperar quando, logo ao fim do primeiro ciclo, um atraso surgiu na nossa vida. Lá estava ele, o positivo de novo.

Desta vez a felicidade vestia-se de medo, e esperámos calados para contar.

Nova consulta, o meu bebé, com sete semanas de vida, oferecia-nos o palpitar do seu coração, que batia e batia. Tudo parecia ir tão bem que o médico comentou que poderíamos contar à Mariana a boa nova e bastava voltarmos para uma nova consulta pelas doze semanas. Só que a natureza voltou a cometer um erro e, no dia 19 de março de 2007, voltei a confrontar-me com as suas consequências – comecei a perder sangue. Corremos para o médico e aquela horrível sonda confirmou-nos o que tanto temíamos: às oito semanas e um dia o coração do meu filhinho tinha parado. Já não estava ali, forte, cheio de vitalidade. Agora se remetia ao silêncio de mais um erro que não fora cometido por nenhum dos dois.

Parecia que estava a viver um filme, não podia ser verdade, não era a mim que aquilo estava a acontecer! Mas infelizmente a realidade era mesmo essa e a sensação de desalento, de falta de forças, chegou com toda a sua imponência. Após cinco meses vivia novamente a mesma situação, a mesma dor, a da perda e a do sofrimento que voltaria a ver na minha filha.

Atendendo a que era a segunda perda e também considerando a minha idade, o médico achou que seria importante fazermos uma série de exames e análises. O meu corpo teve cada milímetro espionado, esquadrinhado, e todos os resultados ficaram dentro do normal, não havia uma explicação para o que aconteceu.

Precisávamos voltar a tentar…

Ao fim do quinto ciclo, lá estava a risquinha do positivo, mais uma vez.

Com seis semanas e quatro dias, um coraçãozinho a bater revigorou-me!

Devido à minha ansiedade, fui fazendo ecografias de duas em duas semanas.

Tudo parecia bem… Às doze semanas soubemos que era uma menina, a nossa Matilde!

Contámos à Mariana e a toda a gente, afinal estava tudo bem, e, lá pelo verão, teríamos uma Matilde a quem pegar, acarinhar, vestir, alimentar.

Dezasseis semanas e a segunda fase do rastreio. Levámos a Mariana, que queria muito conhecer a irmã; estávamos felizes! Mas foi então que o fim começou.

A Matilde apresentava uma semana de atraso no crescimento e havia pouco líquido amniótico. Eu precisava de fazer repouso, beber muitos líquidos e esperar o resultado do rastreio. Esse momento veio com um aperto no peito, um peso que queremos tirar e continua lá, cada vez mais opressivo; a sensação de desamparo e incredulidade nascia, tornava-se cada vez mais presente, a cada minuto mais forte, mas a esperança ia rompendo com esses estados pérfidos de aleivosia.

Mantive-me fiel à minha maternidade durante aqueles momentos que me prendiam como grilhões; o resultado estava ali, para me desacorrentar definitivamente dessa incerteza.

"Risco acrescido de trissomia 18 superior a 4 em 5" foi o resultado.

A ecografia não estava famosa, as nossas esperanças iam perdendo luz, a Matilde continuava pequenina, tinha o intestino hiperecoico e o líquido amniótico, embora tivesse aumentado, ainda era pouco.

Senti o chão fugir-me debaixo dos pés; onde ia encontrar forças agora?

Era a minha filhinha, a minha Matilde, o meu bebé pequenino, aquele que já sentia mexer dentro de mim. Só pensava na injustiça que a tal natureza cometia comigo: "Não pode ser, que fiz eu, que fizemos nós para merecer isso?"

Restava fazer a amniocentese e esperar o resultado. E lá estava, preto no branco: a Matilde não tinha trissomia 18, mas sim triploidia, um problema grave e incompatível com a vida.

O meu mundo acabava de ser exterminado ali.

Mais uma vez o destino foi impiedoso: de todos os problemas cromossomáticos que podem acontecer, este, para além de ser pouco frequente, tem a incidência diminuída com o aumento da idade da mãe!

Então porque nos atingiu?

Porque afetou a nossa Matilde?

A vida nunca é como a sonhamos.

Foi difícil tomar uma decisão, mas que opção tinha? Prolongar o sofrimento?

Tinha apenas duas preocupações: a minha Matilde e a minha força chamada Mariana, essas eram as minhas prioridades.

Queria saber se a Matilde estava a sofrer... não me deram respostas. Queria saber se sofreria durante o processo que se seguiria... Garantiram-me que a adormeceriam e não sentiria nada.

E, com um simples sono profundo, unimo-nos à eternidade.

Quando tentei explicar à Mariana que a Matilde tinha problemas grandes e que, provavelmente, teria o mesmo destino que os outros maninhos, respondeu-me: "Ó mãe, se calhar é melhor assim do que vê-la nascer e depois perdê-la".

Estava tão triste a minha filhinha, mas mesmo assim a tentar consolar-me!

No dia 15 de abril o coraçãozinho da minha Matilde parou.

E parou porque assim o decidi.

Não era o que eu queria, mas o que devia ser feito.

Entendo essa decisão como um ato de amor, mas, mesmo assim, ficam a sensação amarga de uma escolha sem alternativas e um aperto no coração de uma alternativa sem escolha. Não é culpa, acredito que fizemos o melhor tendo as opções que tínhamos; é antes um grande sentimento de impotência.

Aquele foi um dia tão difícil...

Tivemos de esperar pelo final da amniocentese. Ali, bem juntinho ao meu marido, refugiei-me nos meus sonhos e tentei aproveitar cada bocadinho de tempo que ainda tinha com a minha filhinha, cada bocadinho em que ainda me podia ouvir e sentir. Quis transmitir-lhe todo o meu amor, dizer-lhe que estaria sempre no coração da mãe. Aquele momento foi só para o meu bebé pequenino.

Depois me chamaram, era um chamamento que me aproximava demasiado daquilo que somos – nada – diante da força que a vida possui sobre a nossa própria vida. O pai não pôde ir connosco. Vesti a bata que tinha o peso árido de uma execução e entrei no mesmo gabinete onde tinha feito a amniocentese. Já lá estavam uma médica e uma enfermeira; fitá-las é saber que estamos perto do fim. Depois chegaram uma assistente e mais três médicos. Tanta gente… Imaginei que todos queriam assistir a um final que era só meu e ao mesmo tempo tão violador.

Começaram por ligar o ecógrafo, esse aparelho que nos permite tomar as mais duras decisões; vi o meu bebé pela última vez ali, preso àquele ecógrafo, queria tocar-lhe… Depois alguém me colocou um lençol e não vi mais nada, apenas senti.

Não foi fácil, todos estavam preocupados, o líquido amniótico era tão pouco que tudo se tornou mais complicado.

Aquele foi simplesmente um dos piores dias da minha vida. Não consegui manter cativas as lágrimas, que, cheias de uma força natural, correram-me pela cara durante todo o processo. Só queria estar enroladinha no meu cantinho, agarrada ao bonequinho que tinha comprado para a minha Matilde.

Quando tudo terminou deixei escapar a dor e solucei desesperadamente, em silêncio. Foi o meu momento de aflição, aquele que me permiti, aquele em que o sonho realmente terminou, aquele em que tive a certeza que seria mãe de um anjinho, que se juntaria às duas estrelinhas que já tinha no céu. Mas eu não queria ser mãe de um anjinho, eu queria a minha Matilde nos meus braços e isso nunca pude experimentar, nunca lhe pude dar um beijo…

Fora também o momento que uma médica escolheu para se chegar ao pé de mim e dizer: "Porque é que está assim? Não tem motivo nenhum para estar assim!"

Doeu tanto!

Foi nesse dia, 16 de abril, por volta das seis horas da tarde, que "nasceu" o nosso anjinho Matilde!

Hoje, quase quatro meses depois, a dor continua cá dentro e a saudade é imensa. Saudade do que vivi e do que não me foi permitido viver com os meus filhos, mas com os quais sonhei. Às vezes quase sinto os meus lábios a tocar na sua cabecinha, a sentir o seu calor, o seu cheirinho de bebé... Depois "acordo" e uma lágrima revela-me a realidade.

Ainda não desistimos desse nosso sonho, mas nem sempre é fácil mantê-lo. Há dias em que pergunto-me se valerá a pena tudo isso, se valerá a pena arriscar de novo. Momentos em que o melhor parece ser desistir e ir pelo caminho mais fácil, aquele que temos como seguro...

Mas será realmente melhor assim? Penso que não, desistir não é o caminho.

Sou mãe de quatro filhos, dos quais apenas um seguro nos braços, a minha menina grande, o meu milagre! É nela que encontro a maior razão para seguir em frente, não desistir, continuar a acreditar!

Os meus pequeninos partiram cedo demais. Se me dessem a possibilidade de reviver a minha vida, talvez mudasse algumas coisas, mas nunca abdicaria de nenhum dos meus filhos. Compreendi que, por maior que seja o sofrimento inerente a toda a situação, não me é possível abdicar da sua existência.

No meu coração, a partir do momento em que é sonhado e desejado, um filho é um filho, único e insubstituível. Acredito que, lá no céu, tenho um anjinho e duas estrelinhas a olhar por nós.

Ficam as palavras que um dia, num desses momentos difíceis, uma amiga me escreveu: "Depois de se perder um filho, nunca mais somos iguais... Ficam o vazio, a angústia... Mas o tempo ajuda-nos, faz que ultrapassemos o dia, e assim tentamos sobreviver a mais um, depois a outro e mais outro...

Vamos rindo, porque precisamos de reagir, os pequeninos que nos rodeiam precisam de nós! Por pior que seja o dia de hoje, vem a noite e com ela vai-se a tristeza. O dia nasce e, por mais que não nos apeteça abrir os olhos, o sol brilha lá fora..."

MARIA JOÃO DE MELO

O bebé doente, numa morte lenta, estava ainda mais pequeno (cerca de um terço do tamanho da irmã), quase sem líquido e já com paragens cardíacas... mas resistia.

Começo o meu testemunho pelo fim... por esse fim que todas procuramos quando decidimos dar início à primeira gravidez.

A minha primeira experiência na maternidade correu de forma normalíssima, sem percalços de nenhum género, da qual resultou um lindo e grande bebé, absolutamente saudável.

Ao fim de seis anos, depois de muita vontade do meu marido e de muitas hesitações minhas, resolvi finalmente avançar para um segundo filho.

Marquei consulta com o meu ginecologista e falei-lhe da vontade de voltar a engravidar. Como tenho sinusite, antes consultei o meu otorrino, que definiu a primavera como a altura ideal para voltar à maternidade, assim evitaria a toma de medicação à base de cortisona, pelo menos, nos dois primeiros trimestres da gestação.

Foi peremptório: ou engravidava até maio ou só voltaria a tentar no próximo ano.

Iniciei a toma do ácido fólico e engravidei serenamente logo no primeiro mês de treinos sem proteção. Senti logo que estava grávida... antes mesmo do dia da chegada do período, como se a maternidade nos concedesse esse dom premonitório que nos faz atingir a grandiosidade do céu.

Fiz o teste e a confirmação era inevitável; o encantamento daqueles segundos param o tempo, a fascinação toma conta de nós... Nem foi preciso esperar os minutos mencionados na embalagem (só mais tarde percebi porquê). Marquei logo uma nova consulta com o meu ginecologista, que me pediu uma ecografia apenas para datar a gravidez.

Às sete semanas de gestação, o porvir colocava no meu caminho a primeira ecografia, aquela que desvendaria uma felicidade plena, nunca um sofrimento absoluto.

Fui sozinha.

Deito-me na marquesa acomodada ao peso dos corpos maciços de vida e destapo inocentemente o ventre; o médico coloca o insípido gel, com sua frescura característica, e a sonda do ecógrafo poisa silenciosamente sobre mim. Um olhar mudo fita o monitor, como à espera de um conselho.

Perante o imensurável silêncio que aconchegava todo o ambiente, senti que algo estava mal... O silêncio que antecede uma má nova é acutilante, deixa-nos inativos, presos a um medo que não identificamos.

Olhava para o écran... Duas manchas negras eram tudo que conseguia perceber. Sentia tão conscientemente que algo não estaria bem que uma dor atrofiava-me a calma. O médico chamou um colega e pediu-lhe uma opinião, que foi confirmada pelo pequeno vocábulo "sim".

"Mas SIM o quê?!", pensava eu.

O médico confirma-me finalmente que minha gravidez era gemelar!

"São dois embriões. Está a ver aqui? Um e outro."

Confesso que estava à espera de ouvir tudo menos isso. Ouvi a voz do médico longe de mim, pedia-me que fosse à casa de banho esvaziar a bexiga, para poder fazer uma ecografia vaginal.

Levantei-me atordoada e não sei como consegui ir até à casa de banho sem desmaiar.

Estava em estado de choque.

Naquela casa de banho chorei... Lavei a cara, como se a água purificasse tudo que sentia, e limpei as lágrimas antes de regressar à sala da ecografia. A nova ecografia mostrava dois saquinhos, cada um com a sua vesícula vitelina e o seu embrião. Mas um era bem maior que o outro. Confirmaram-se as sete semanas de gestação e avisou-me que ainda era muito cedo e que, perante o cenário inicial, tudo poderia acontecer: não sobreviver nenhum, sobreviverem ambos, ou sobreviver apenas um... e que, nesse caso, poderia nem ser o maior. Precisava de repetir a ecografia dali a duas semanas.

Passadas duas semanas, a situação não só se manteve como as diferenças estavam ainda mais díspares: "Um tem um T0 e o outro um T3!"[9], palavras do médico.

A minha angústia manifesta um sibilo de alerta... a ansiedade relacionada à possibilidade de algo correr mal também.

E, como se estivesse escrito, no dia seguinte acordei com dores que amolgavam o meu ventre e com perdas hemáticas ligeiras. Fiquei assustada, ciente de que poderia não controlar seja o que fosse; liguei para a assistente do meu médico, que me aconselhou a ir à urgência obstétrica, uma vez que o doutor se encontrava ausente, num congresso.

Fui, com a sensação de quem caminha para um veredicto, sem saber qual.

Observaram-me e pude visualizar na ecografia os dois coraçõezinhos a bater. Senti uma leveza indescritível, ambos eram valentes. Eu e o meu marido mentalizámo-nos que vingariam.

O tempo foi passando repleto de fantasias e sonhos, carregava dois seres a quem veria crescer, amaria e honraria. No entanto, porque os sonhos nem sempre se tornam realidade, a ecografia das dezasseis semanas transformou o nosso mundo em ruínas. Apesar de o rastreio ser negativo e de não se encontrarem indícios de malformações (ambos tinham as medidas do osso do nariz e da translucência nucal – TN – dentro dos valores normais), a médica

---

9. "T" indica um tipo de imóvel e o número que aparece na sequência, a quantidade de quartos de dormir; assim, T3 seria um imóvel de três quartos. Considerando a frase citada no texto, seria como comparar um apartamento grande com uma quitinete.

achou que algo de errado se passava com um dos fetos (o mais pequenino, com a bolsa mais pequenina). Estava muito magrinho, algo de muito errado se passava. A médica desconfiava que o feto tinha malformações ou que a placenta não o estava a alimentar convenientemente, mas algo andava mal.

Recomendou uma amniocentese e nova ecografia passadas quatro semanas. Fiquei alarmada, completamente desorientada num mundo em que todos os caminhos tinham perdido a direção... Não esqueço aquele ar gravoso...

O meu marido não percebeu e dizia insistentemente que não era nada. Mas eu percebi bem... Toda a gente me dizia que era normal, que entre gémeos havia sempre um maior e outro mais pequenino, que não era nada. Mas no fundo eu sabia que havia algo de errado. Há coisas que apenas se sentem... não se explicam. E eu não conseguia explicar melhor a ninguém e ninguém parecia entender.

Como uma condenada com a sentença na mão, visitei o meu ginecologista e, num gesto fatídico, dirigi-lhe o relatório. Tentou acalmar-me, achava que estaria tudo bem com ambos os fetos. Afinal não existiam grandes indicações para fazer a amniocentese: eu ainda só tinha 34 anos e o rastreio resultara negativo. Regressámos a casa e tentámos manter o pensamento positivo e convencer-nos de que tudo se comporia.

Chegou o momento da amniocentese: não havia indicação óbvia para o exame, por isso fizeram a ecografia para verificação. A ecografia... lembro-me dela com os detalhes sórdidos de uma verdade que nada teme. O feto maior mantinha-se bem, crescido e saudável, e revelou-se uma menina. O outro feto mantinha-se muito pequeno e revelava três fortes sinais de malformação muito grave, incompatível com a vida.

Suspeitaram de triploidia.

Avisaram-me, no minuto seguinte, que a qualquer momento o coração do bebé doente poderia parar. Não se reage a uma notícia destas... sobrevive-se.

Fiz a amniocentese com mil pensamentos a fervilhar na minha cabeça, a velocidade com que os tinha deixava-me nauseada.

No final do exame, como no fim de todas as coisas, levantámo--nos e saímos – às vezes com a alma cheia, outras com a sensação de vazio. Vim para casa com a recomendação de 48 horas de repouso absoluto e esse vazio.

Ainda não tinha terminado o período de repouso e recebi um telefonema da médica, que me confirmou os resultados que indicavam a triploidia.

Chorei, chorei… meu Deus, como chorei!

Fartei-me de chorar.

Não sabia o que pensar… Sentia-me mal, pensava na menina saudável que crescia dentro de mim e sentia terror. O seu irmão não sobreviveria e estava ao seu lado… dentro de mim.

Foi tão difícil!

Pesquisei muito e nenhuma situação idêntica à minha surgia para me aliviar a solidão. Não tinha ninguém com quem falar… e, quando falava, as pessoas não compreendiam a minha situação e ainda eram capazes de me responder cruelmente: "E agora? Vão tirar o bebé? E o outro?!"

Para me proteger, decidimos que não conversaríamos com mais ninguém. Dali em diante, focalizar-nos-íamos na nossa menina e ponto final.

O tempo passa de forma egoísta, passa, flui, sem que possamos intervir nesse seu processo, e a situação mantinha-se, nesse caminhar pelo tempo, que adquire a mais significativa forma de inutilidade…

Na ecografia morfológica (feita às 22 semanas), observou-se que ambos os fetos mantinham batimentos cardíacos. A menina saudável continuava a crescer bem. O bebé doente, numa morte lenta, estava ainda mais pequeno (cerca de um terço do tamanho da irmã), quase sem líquido e já com paragens cardíacas… mas resistia. Lembro-me de, na própria ecografia morfológica, o vermos sem esse pulsar que nos agarra à existência… Pensámos que tinha chegado a sua hora, mas logo no minuto seguinte a sonda deu sinais do seu frágil coração a bater como se não tivesse estado parado ainda há minutos.

Os médicos não compreendem como é possível.

Tenho muito receio de como essa situação vai terminar. Há perigos que se escondem também para a bebé saudável, que poderá eventualmente ser contaminada pela toxicidade do bebé doente.

Estou atualmente com 24 semanas e tenho medo, tenho muito medo de chegar ao fim dessa complicada gravidez sem nenhum bebé no colo.

Como vou explicar isso ao mano de 6 anos que já tanto fala da mana?!

Já tive de lhe explicar que não são dois: "Afinal 'o médico enganou-se', é só uma mana".

Continuo cansadamente angustiada e, na próxima consulta, vou aceitar a ajuda psicológica. Tenho receio de não resolver a questão por completo e de que, no futuro, seja mais difícil ultrapassá-la.

ANA SOFIA CANIÇO

*[...] a passos monocórdicos, transpus a porta de minha
casa em direção ao hospital, com a sensação de que
não voltaria grávida. Retenho a imagem do que vestia,
lembro-me de olhar para a casa antes de fechar a porta
e pensar que tudo se podia desmoronar.*

Janeiro de 2007.
Quarto ciclo de tratamentos com injeções hormonais para estimulação ovárica. Esperança de engravidar.
Assombramento com o resultado negativo.
Persuasão de que ainda não seria daquela vez.
Essa fórmula atordoava os meus pensamentos.
Nessas alturas tentamos convencer-nos de que nada vai dar certo, para que a tristeza e sensação de perda — de algo que não sabemos explicar, pois na realidade nunca existiu — não sejam tão maiúsculas. A ironia é que não conseguimos deixar de ter esperança, e mesmo a espera do insucesso não diminui a dor.
Para trás, repousavam nas minhas raízes quase três anos de infertilidade, um aborto às dez semanas com curetagem e uma gravidez não evolutiva. Pensava muito nos dois filhos que tinha perdido (ainda hoje penso), nas experiências que já deveria ter vivido. Achava ingenuamente que já tinha passado por muito, que já tinha sofrido demasiado e que as coisas tinham de melhorar.
Mas tinha medo. Muito medo de que tudo se repetisse.
Apesar de as incertezas serem uma constante, no dia 5 de fevereiro de 2007 um rastilho de pólvora acendia-se com um novo teste positivo. Não posso dizer que a alegria desse positivo fosse imensa (uma força maior a oprimia), que o meu marido me abraçou com tanta força que sufocava-me ou que foi o momento mais

feliz da nossa vida, porque esse era um pretérito, vivido num presente de uma gravidez inédita. É sorumbático olhar para a maravilha da vida dessa forma, mas com os abortos as certezas mitigam no coração e a quase certeza de que tudo vai correr bem passa a utopia. Desta vez limitamo-nos a esperar, com um misto de medo e esperança.

Não confidenciámos o facto a quase ninguém, pois aprendemos que os outros também criam expectativas e sofrem com as nossas perdas, apesar de nunca alcançarem a sua real dimensão. Às seis semanas, uma hemorragia cumpre a sua missão, aquela que nos convence de que tudo está perdido, aquela que assanha o choro desalmadamente, aquela que nos tomba ao colo do nosso marido, à procura de asilo, e ele, impotente, apenas nos pede placitude. Arfava todos os meus terrores, frívola de esperança, e convencia-me de que tudo estava perdido.

Perambulavam os dias à minha frente, como que a atiçarem aquela corrente incorpórea que me prendia à cama; esperava pelo tempo de gravidez suficiente para que uma ecografia me descativasse. Foram sete dias intermináveis, com demasiado tempo para pensar...

Chegou o dia.

O meu coração quase que se desviava do peito. De um segundo para o outro a nossa vida muda para sempre e, ao mesmo tempo que queria saber como estava o meu bebé, não suportava a ideia de pela terceira vez sair daquele hospital com a alma vazia. Vi então aquela imagem que significa vida. Ai! O alívio... que bálsamo foi ver aquele coração latejante, mas... a escoltar o meu filho estavam dois quistos de hiperestimulação, um com nove e o outro com seis centímetros. O repouso absoluto perdurou e as ecografias tornaram-se frequentes, os quistos precisavam de ser fiscalizados.

Dias mais tarde fui vigiada por um radiologista, apenas para ver se os quistos estavam a diminuir, e qual não foi o meu espanto quando ele disse: "Eu não sei, mas vejo três sacos e três corações!"

A minha gravidez trigemelar era confirmada, no dia seguinte, pelo meu obstetra, na véspera do meu 29º aniversário. Não digo que não me assustei, receava pelos riscos que corríamos e pela apreensão que tinha de os perder. Conhecia casos de perdas de gémeos já a meio da gravidez e, com trigémeos, os riscos redobravam. O meu medo era ininterrupto, tudo o desencadeava, tudo o agravava, tudo me recordava como as coisas podem esvaecer, com a leveza de uma brisa. Cada ida à casa de banho, cada moinha, cada pontada gelava-me.

Resguardei-me em casa; fazia ecografias semanais, o que me permitia respirar às segundas-feiras. Quando os via era uma desopressão tão grande! A semana, que era um martírio, tornava-se o meu éden sempre que os via. As minhas ações fingidas de descompressão transformavam-se na forma mais natural de ser ali, quando os via, a mexer e a crescer a olhos vistos.

A minha barriga avultava orgulhosamente a alegria de ser mãe; empinava-a e mostrava-a intencionalmente. Apesar das poucas semanas, estava muito grávida, na barriga e no coração. Às dezassete semanas descobriram que frutificavam três meninos, os meus pitucos. O nosso grande objetivo agora era chegar às 34 semanas, e sabia que não seria fácil. Sabia que não teria um final de gravidez normal, sabia que poderia ter de ser internada, sabia que eles não viriam comigo para casa dois dias depois de nascerem, sabia que a incubadora seria o seu primeiro berço, sabia tantas coisas, menos prever o futuro, que seria tão curto...

Andávamos tão risonhos a planear o nosso futuro... Mas, do nada, esse fantasma alcunhado de perda não me permitia passar nenhuma ideia à prática. Escravizava-me à sua pujança, graças à capacidade hipnótica de o termos presente, mesmo nos melhores momentos.

Às dezoito semanas obriguei-me a decidir: ou começava a montar o enxoval ou não participaria na magia da maternidade, já que o repouso e o eventual internamento no final da gestação não o permitiriam.

Estava cada vez mais feliz... o sonho falava mais alto!

Se sempre que ia à casa de banho o espectro do sangue estava presente, naquele dia não, e foi com uma emaranhada perplexidade, diria mesmo incompreensão, falta de noção do que se estava a passar, que detectei uma hemorragia. Lembro-me de, no início, nem perceber quão desadequada era a situação. Foram frações de segundo, mas que me permitiram pensar tanta coisa... até concluir que as circunstâncias não eram nada boas.

Não sei descrever o que senti, faltou-me o chão, uma angústia apoderou-se de mim, estrangulando-me numa dor penetrante, trazendo o pressentimento de que tudo estaria prestes a acabar. Naquela noite, deitei-me sobre um dos meus lados e fui cingida pelo meu marido, que afagava a minha barriga uma e outra vez. Pensei, com uma tristeza profunda, que aquela podia ser a última noite que adormecíamos assim, os *cinco* (estavam quatro).

A 19 de maio de 2007, com dezoito semanas e quatro dias de gravidez, a passos monocórdicos, transpus a porta de minha casa em direção ao hospital, com a sensação de que não voltaria grávida. Retenho a imagem do que vestia, lembro-me de olhar para a casa antes de fechar a porta e pensar que tudo se podia desmoronar.

Mais uma vez rompia pelas entranhas daquele hospital adentro, paralisada de medo. Quando o médico olhou dentro de mim, contactou com as minhas entranhas, ainda respirei de alívio, pois "estavam todos ótimos"; mas, assim que a máquina assenhoreou-se do mais fundo da minha barriga, a cara do médico mudou. Mandou-me deitar na marquesa e soube que algo se passava. Explicou-me que procederia a uma análise e, furando-me à força das suas mãos, tocou-me – um toque que doeu até à extremidade de algo que não permite mais avanço. Nesse preciso segundo, entre a inspiração de uma atonia que se tenta achar e o expirar de um terror que se enxota do peito, o meu mundo colapsou. Sem encontrar termos mais dóceis, mas num esforço doloroso de apaziguar a situação, balbuciou que o colo do útero estava completamente apagado e que me encontrava à mercê de um trabalho de parto que avançava sedento do meu corpo. Apesar de poder recorrer a uma cerclagem (cosimento do colo do útero), o meu corpo não o toleraria, já que um dos sacos, de um dos bebés, estava prestes a sair. Lembro-me do olhar que trocamos por debaixo da interrogação: "Vou perder os três bebés?", e que guardava uma resposta trucidante: "É provável".

Caí num pranto sem fim.

Fitei-me crucificada, como se estivesse fora do meu corpo; era alguém que via um corpo com a possibilidade de arbítrio, mas sem opções promissoras. Estava milimetricamente próxima de perder os três bebés; caso nascessem, poderia ir para o bloco operatório tentar empurrar o saco prestes a cair no mundo que não estava preparado para o receber. Podíamos fazer a cerclagem. Mas e se o saco rompia? Perderia todos os meus filhos? Enquanto o médico decidia, fui para um quarto. Acamaram-me, subiram-me as pernas e a bacia, de forma que ficaram mais altas que a cabeça; estava de barriga para cima e com ordem de imobilização total. Injetaram-me o soro e deram início à cardiotocografia (CTG). As dores investiam contra mim, numa espécie de desforra gratuita; sentia os rins espremidos por guinadas afiadas que vinham e iam. A barriga endurecia pelas contrações. Estava muito assustada, desassossegada e com um mal-estar latente; as dores não me permitiam intervalos de recuperação e, em determinadas alturas, descontrolava-me e entregava-me à força destruidora de um desígnio.

Uma dormência física possuía agora o meu corpo, não mais me sentia. A sensação de impotência é apavorante. Os meus três filhos lutavam e mantinham-se vivos, mas sabia que bastava uma fraqueza, um instante, um ímpeto da natureza e tudo transmutaria.

O futuro decidiu por uma cerclagem e, às 18h30, enquanto chorava mágoas e desentendimentos da vida, empurraram-me até ao bloco operatório, que, seduzindo-me, fez-me acreditar que seria a beatitude num momento tão cruel! O bloco coalhava-se de um frio poroso e eu não conseguia parar de tremer, tentavam-me tapar com lençóis, queriam aquecer-me.

Adormeci e acordei envolvida por um gelo infausto, quase pre-monitório... Não conseguia falar e tinha tantas perguntas! Uma voz feminina tartamudeou: "Tem aí dois bebés para cuidar", e percebi...

O saco que abrigava o meu bebé tinha cedido à força de um des-ditoso capricho da natureza; retiraram o meu filho sem vida, por cesariana. Agasalhava agora os seus dois irmãos no refúgio que ficara mais vazio.

Os meus filhos, porém, corriam perigo de vida. Estava atada a um cateter que abria caminho à medicação progressivamente. Tinha uma dormência cadavérica nas pernas, que me impedia de as sentir. A minha mãe massajava-me as pernas em ritmos apres-sados, não aguentava aquela dormência frenética que se apoderava de todos os movimentos que eu deveria controlar.

Não dormia...

Levava transfusões de sangue... aquele sangue que segurava a minha vida, de quem seria? O meu braço escurecia, uma cor negra caiava-o, vinda de um sangue que não era meu. E o meu? Perdera--se com o meu filho.

Corri sério risco de vida. Após uma noite no recobro, transfe-riram-me, com os meus dois bebés, para um quarto no serviço de obstetrícia. Acreditava tanto que tudo correria bem... Durante três dias não parei de vomitar, tudo queria sair de mim.

Parei de contar os vómitos à trigésima vez. Ninguém sabia por-que vomitava e, mesmo não comendo nada, vomitava sempre... sempre. Tinha vertigens, como se estivesse num barco que se excita no mar revoltoso. Passei a usar uma venda nos olhos, porque a luz feria-me. Tinha agora uma realidade mais escura para compreen-der. Os meus batimentos cardíacos eram elevados, a medicação en-dovenosa entupia-me e infiltrava-se nas veias e as perfurações em novas veias sucediam-se, repetiam-se, moíam-me.

O sofrimento físico foi grande.

As noites eram profanamente prolongadas, uma dor abdominal agarrava-se a mim, como quem prende as garras na carne, e recordava-me daquela cicatriz no ventre, por onde passou a morte e chegou ao meu filho. O esforço ao vomitar era acutilante, trespassava-me os músculos e combalia-me; todo esse esforço permitia que os meus filhos fossem as próximas vítimas. Equilibrava-me numa ambivalência corrosiva: não queria perder os meus filhos, não queria, mas sentia-me muito mal fisicamente por ainda os ter comigo. Afinal, se os perdesse tudo acabaria.

Na quarta madrugada fiquei com falta de ar. Ouvia uma pieira quando respirava e não ficava saciada com o ar que entrava. Os rins paravam pouco a pouco de exercer a sua função primária e pensei que o meu corpo estivesse a desistir. Os pulmões encharcavam-se do soro e dos medicamentos que o meu corpo já não expelia, e fui ligada ao aparelho de oxigénio, que garantia o ar à minha continuidade. Fui transferida para os cuidados intensivos às sete da manhã, e por volta da meia-noite mudaram-me para a zona de isolamento. Com o deslizar dos dias, as análises começavam a melhorar muito e, pela primeira vez, o médico falou na possibilidade de eu ter de ficar assim deitada muito tempo, até os bebés nascerem.

Eu estava cada vez mais confiante!

Mas naquela madrugada, e porque algo mais forte que nós tem sempre a última palavra, comecei com dores na barriga, que voltava a ficar dura. Agora o espaço entre a sensação de empedramento e a normalidade era reduzido; comecei a sentir-me assustada, as dores não paravam de me fatigar, e o medo, quanto medo, voltava com força. De manhã cedo, sempre achamos que se inicia tudo uma vez mais, com todas as oportunidades que isso guarda, e por isso confiamos sempre no dia que apenas despertou naquele momento. Com essa sensação de esperança fiz a ecografia que mostrava os meus dois filhos devoradores da sua oportunidade, nesse começo de dia.

Foi a última vez que os vi.

Contrações esfaimadas apossavam-se do meu ventre e reivindicavam um desígnio... e o que podemos nós fazer contra os desígnios? Comecei a perceber que as coisas não resultariam. O nosso sonho trilhava por um atalho que não permitia retorno. A cicatriz que fechava o meu útero tinha apenas seis dias, e as contrações eram o seu mais hostil inimigo. Os médicos, pela primeira vez, deliberaram o seu veredicto. Queria muito suplicar-lhes que esperassem mais uma fração de tempo, umas horas, uns minutos que fossem, alimentava a esperança de que as contrações podiam parar. Mas não consegui falar, apenas acenei a cabeça numa atitude de vassalagem. Sabia que corria risco de vida, sempre soube, mas convenci-me que, chegado o limite, tiravam os bebés e sobreviveria. Eu, que tenho pavor da morte, em momento algum o senti, ironicamente. Restava-nos agora uma espera angustiante... Os meus filhos nasceriam, dois bebés saudáveis que tanto tínhamos desejado e amávamos, nasceriam para a eternidade.

O fim da tarde caiu... O bloco operatório aguardava-nos com o seu silêncio castrador, voltávamo-nos a encontrar, com o mesmo objetivo. Desta vez não havia esperança, nem pressa...

Preparava-me para uma interrupção médica da gravidez... Tinham de matar os meus bebés. Lembro-me de fazer uma última festa na minha barriga e adormecer (faltava o ponto final). Acordei novamente no meu "aquário" dos cuidados intensivos, com o meu médico à cabeceira e o meu marido junto a mim.

Salvaram-me o útero. Tinha agora um hiato desmedido por preencher, seriam dezoito meses até uma nova possibilidade de gravidez. O meu marido sentia-se orgulhoso da força e da luta que todos travamos nesse processo, eu e os meus filhos. Apesar da sua forma mais calada de sofrer, surpreendeu-me com tudo que disse e com a força que me conseguiu transmitir. Aprendemos a respeitar mais a forma que cada um tem de vivenciar as perdas e a adaptarmo-nos um pouco mais um ao outro. O dia de renunciar aos cuidados intensivos finalmente chegou e mudaram-me para o piso 3, o local onde a magia acontecia – era o piso dos bebés pós--parto. Estava num quarto individual, incapaz de conter os ruídos do choro de seres insaciáveis do colo que os afagava, sôfregos dos peitos que os alimentavam. Às vezes sentia-me insensível às coisas e às pessoas. Outras, só me apetecia chorar. O meu corpo tentava reassumir rapidamente todas as suas funções, mas via-se deformado, inchado, sem curvas, parecia um pacote de leite, um paralelepípedo; estava assada, com as veias entulhadas de litros de antibióticos. Nessa mesma tarde tive a subida do leite, que escorria-me pelo peito; é muito triste ter o leite a gotejar, vê-lo sair à procura da boca por saciar e não ter esse filho para o sorver.

O primeiro confronto com as outras pessoas não é fácil. Elas não sabem o que dizer e nós não queremos mostrar quanto estamos mal.

Foram treze noites as que coabitei naquele hospital com a morte; duas vezes se aproximou de mim e por duas vezes o seu estandarte foi fincado na minha vida. Abandonava aquele hospital oca, não tinha um olhar hesitante, não me volvi para trás; fitei a luz que envolvia a entrada e varei-a com um conforto de quem regressa a casa depois de uma luta perdida, não vencida.

Continuei durante muito tempo sem conseguir dormir. O choro tomava conta de mim e a noite guardava as piores reminiscências. Quero mencionar quão excepcionais foram o meu médico, os enfermeiros e auxiliares e todos os meus familiares e amigos que não paravam de ligar.

Há sempre pessoas que nos surpreendem; algumas, que tínhamos como ausentes, estavam lá, outras, que pensávamos que estariam, desapareceram. Por detrás dessa desilusão há toda uma aprendizagem.

Hoje, passados dezasseis meses, a dor não chega a ser insuportável. Tento aprender a viver com a ausência dos meus filhos, embora a saudade seja muito grande e as ideias de tudo que devia estar a viver tenham-se alojado num presente diário. Nunca os esquecerei, e há momentos e situações que são brutalmente espinhosos. A exposição ao mundo dos bebés é constante. A gravidez de amigas torna-se cada vez mais frequente e os bebés da idade dos meus estão aí, sempre à minha frente, para me lembrarem como eles seriam se cá estivessem.

Sinto que conquisto uma maior aquietação a cada dia que acordo e afronto o mundo lá fora, aprendi a esperar mais calmamente e, apesar de ter sido muito difícil esperar tanto tempo para voltar a tentar, reconheço que hoje estou mais estabilizada emocionalmente. Os dezoito meses de hiato estão prestes a findar e em breve tentarei uma fecundação *in vitro* (FIV). Tenho vários degraus contáveis para subir, mas subi-los-ei com o meu marido ao lado; sobrevivemos juntos à perda de cinco filhos, que aferrolhamos para sempre no nosso coração, mas preciso de acreditar que um dia vamos ter bebés nos braços.

Espero sinceramente que a minha história continue, porque, creio, se a história ainda não teve um final feliz é porque não acabou!

RITA DUARTE

Depressa chegou o momento da expulsão, sentia a minha filha a escorrer de dentro de mim, saía enfeitiçada por uma promessa de algo que a quis para ele.

O meu nome é Rita e sou de Santarém. Às vezes acontecem coisas más a pessoas boas, acontecem coisas boas aos outros e coisas más a nós. Sem imaginar as coisas más envolvidas numa gestação, decidimos engravidar no início de 2007. Deixei de tomar a pílula e, logo no primeiro mês desse projeto familiar, fui abençoada com a maternidade. O pai estava hipnotizado por uma alegria pura, vertida nas lágrimas que gotejavam pela face; eu estava perplexa com a rapidez dessa gravidez, e uma espécie de medo do futuro que se avizinhava corria-me pelo estômago.

Tinham passado quatro meses, quase cinco, desde que o meu bebé se desvendara.

Uma má premonição tornava-se vizinha dos meus dias, cobiçava a minha tranquilidade e robustecia uma constatação horripilante: tinha plena noção de que a minha barriga continuava do mesmo tamanho. O tão aguardado dia 9 de novembro bateu à nossa porta e dirigimo-nos, como designado, para as Caldas da Rainha, para fazer a ecografia das 22 semanas. Quando ressoou o meu nome naquele recinto onde esperava pelo exame rotineiro da ecografia, tinha tatuada no rosto a emoção de rever a minha filhota; sabia que era uma menina, o médico cochichou-nos que garantidamente era uma menina. Mas depressa essa emoção mirrou, uma sombra enorme crescia refletida no aparelho ecográfico, era a dúvida, seguida de um medo sufocante que me entorpecia. Não via os movimentos da minha pequena, não via o seu coração ritmado, não via a sua "dança"… Desejava ouvir a voz do médico a tranquilizar-me, mas só articulava: "Mau, mau, algo não esta bem". Renovava essas palavras umas quantas vezes, ligava e desligava o aparelho e palmilhava a minha barriga uma e outra vez.

A sombra da dúvida transformava-se numa certeza quase letal; dirigi-me para o hospital agoniada, completamente exausta por tentar manter a minha temperança.

Entrei pelas urgências esbaforida, carregava uma pressa asfixiante, aquela espera era desleal. Quando cheguei à triagem, tiritava de um frio que nascia de dentro, segurava o envelope selado que me tinha sido entregue num esforço sobre-humano, pois pesava as toneladas dos metais, apesar de ser apenas um pedaço de papel. Nada mais me foi perguntado desde aquele momento, mais uma vez resistia à espera, aqueles instantes lá fora pareciam intermináveis.

Novamente a chamada; desta vez brilhava, estampado no rosto, o tormento de uma pessoa que se sente completamente sozinha. A passos lentos, dirigi-me à sala de onde me atraíam; soube, ali, que a minha filhotinha estava morta e que teria de ser internada para fazer a sua expulsão, por meio de um parto normal induzido.

Com a voz embargada pela indisciplina das lágrimas que caíam, contei aos meus familiares controladamente que o futuro que aguardávamos se tinha esvaído da vida da nossa princesa. O médico perguntou se queria ficar já internada ou regressar a casa e retornar no dia seguinte.

Mas que raio de pergunta mais estúpida! Eu queria apenas aniquilar aquele sofrimento, que me corroía freneticamente.

Eram quase oito horas da noite quando oficialmente fui internada. A primeira dose de oxitocina foi-me vertida nas veias para que a indução do parto iniciasse os seus efeitos. Um parto de um feto já cadáver...

Aquelas pouco mais de 24 horas que passei pegada ao bloco de partos foram das mais traumatizantes de toda a minha vida: ouvia as mulheres gritarem de dor e, logo em seguida, o choro dos seus filhos.

Sabia que brevemente também eu gritaria, mas minha filha não choraria.

No dia seguinte àquela noite silenciada pelos gritos que não seriam os da minha filha e após a segunda dose de oxitocina, as primeiras dores despertaram do seu sonambulismo e abatiam-se sobre o meu corpo numa fúria desalmada. Não me perguntaram se queria epidural, mas aquela droga não é em nada necessária perante o prazer de sentir nascer os nossos filhos.

As dores eram tantas... mal conseguia mover-me, gritar ou contar o tempo de sua duração. Depressa chegou o momento da expulsão, sentia a minha filha a escorrer de dentro de mim, saía enfeitiçada por uma promessa de algo que a quis para ele.

Precisei de a ver, a minha filha, tão grandinha, tão linda e perfeitinha.

Na segunda-feira seguinte, saí do hospital, com um vácuo profundo por preencher, e a solidão infligia-me o vazio de não ter mais a minha bebé, o mundo desabava e eu chorava como se não existissem mais razões para sorrir.

Lutava muito, por vezes sentia-me uma autêntica torre de aço, não vergava por nada, nem ante nada, e me mantinha ali, impávida e serena, como se nada fosse comigo. Ainda hoje, quando estou sozinha ou raras vezes com o meu marido, o mundo derroca, cai em cheio sobre todas as minhas forças e não consigo suportá-lo.

Em fevereiro de 2008, após mil e um exames para tentar perceber o que aconteceu, fui chamada ao hospital e ofereceram-me um resultado brutal: "Eventual malformação cromossómica, mas de difícil diagnóstico por feto já estar muito macerado".

Adaptei-me a essas palavras horrendas, que traduzem o fim de uma vida que deveria estar a começar, e voltei a acreditar: a 21 de março de 2008, um novo teste positivo reforçava todas as minhas vontades.

Já lá vão quase 29 semanas, é outra menina e está prevista para 28 de novembro. Mais de um ano depois espero lá voltar, mas em circunstâncias diferentes.

Encarar esta gravidez com plena felicidade é algo que persisto em aprender; o medo do que me aconteceu no passado mora em mim, em cada minuto das 24 horas de cada dia. Escrever este depoimento também é algo semidoloroso, pois pensava que a cicatriz estava mais bem fechada do que realmente está. As lágrimas teimam em cair pelo rosto, mas os pontapés da minha Marianita, enquanto escrevo estas palavras e revivo o passado que parece ter acontecido ontem, não me deixam esquecer quão bem ela me faz. Não posso ficar triste, aquele ser pequenino que, há quase um ano, partiu antes de ver a luz do dia pela primeira vez é agora uma estrelinha linda no imenso céu estrelado que nos guia e olha por esta outra estrelinha que está para nascer.

Por muito que nos digam, nunca vamos esquecer o que nos aconteceu, ela sempre será considerada por nós uma filha, uma filha que deu o seu primeiro grito longe do nosso leito, mas muito perto da nossa eternidade.

PATRÍCIA VILAS BOAS

Não o quis ver, mas senti a sua cabeça, os bracinhos, as perninhas a rasparem em mim, senti a sua textura macia deslizar pelo meu corpo, o seu ameno corpinho afagar-me o meu, senti tudo!

Dois de setembro de 2007.

É apenas uma data, tão-só uma data, mas cunha para todo o sempre um apocalipse de sentimentos, crenças e esperanças.

Tantas expectativas, tanta ansiedade, e aquele visionário receio de algo não estar bem. A máxima "coração de mãe não se engana" zurzia-me há dias nos ouvidos, como se alguma voz me soletrasse o futuro, me preparasse para o pior.

"O meu bebé está morto!" Percebi perfeitamente a mensagem quando a médica me perguntou se eu sentia o meu bebé mexer... Entrei em "coma", a pergunta era demasiado mortífera, no ápice tudo perdia o sentido, só conseguia pensar: "Quanta desumanidade, perder-se um filho às 21 semanas e seis dias..."

Era esse o meu maior pesadelo... concretizado numa data escolhida aleatoriamente.

Dou entrada no hospital nesse mesmo dia, por volta das nove da noite, para desencadear o processo que me desligaria para sempre do meu filho, que carregava imóvel no meu ventre. Numa espécie de tortura anímica, conduziram-me novamente para uma sala onde um ecógrafo nos esperava, era obrigatória uma ecografia de confirmação e... meu Deus! Quanto eu rezei para que fosse a eco da "desconfirmação", mas não foi.

Deus não ouviu as minhas preces...

O destino estava traçado!

Daria à luz um filho morto!

Deram-me um calmante e mandaram-me para casa, com o meu filho desvitalizado cá dentro; sentia o seu peso, a sua forma, dentro de mim.

"Durma bem e amanhã dê entrada às oito horas para ser internada." Foram as últimas palavras do médico, naquele dia de tempestade.

É inacreditável!

Seria possível alguma mãe descansar/dormir sabendo que o filho tão amado e que carregava no ventre estava morto?

É obvio que não!

E aquela noite foi a mais longa de toda a minha vida! Quanta escuridão lá fora, cá dentro, quanto silêncio ao redor, quanto desengano...

As lágrimas afogavam-me os olhos, a minha alma estava completamente arruinada e não queria o meu corpo, repulsava-o; e o meu filho, o meu corpo não o queria, o filho que eu tanto amava e que me tinha abandonado...

Dia 11 de setembro de 2007, às oito horas, furo a entrada das urgências de forma mecânica e a história se repetia... Sentia-me a pior pessoa do mundo! Estava viva por fora e a morrer aos bocados por dentro!

Mais uma ecografia para a confirmação, mais uma vez a maldita confirmação!

Alguém se aproximou e com um ar excessivamente desleixado me perguntou: "Sabe para o que veio, não sabe? O seu filho está morto"; pela primeira vez invadiu-me uma sensação de crime, apeteceu-me matá-la, depois apeteceu-me morrer, nas minhas próprias mãos, trucidada pela agressividade que sentia crescer e que era assolapada por uma expressão de fingida atonia.

Fui preparada e arrumada para o início do "processo" e da morte do que ainda estava vivo cá dentro... As malditas induções começaram por volta das 10h30. Não há palavras para descrever o que se sente! É horrível! Todo aquele sofrimento em vão... Foram cinco induções e muitas horas de lágrimas, pensei que secariam de tanto chorar... guardava um mar cá dentro.

Eram onze da noite quando o meu filho nasceu.

Sim, filho... era um menino!

O meu bebé era um menino... O meu Tomás!

Bastou um instante para o meu filho vir ao mundo, morto... Não o quis ver, mas senti a sua cabeça, os bracinhos, as perninhas a rasparem em mim, senti a sua textura macia deslizar pelo meu corpo, o seu ameno corpinho afagar-me o meu, senti tudo! Senti que toda a minha vitalidade esvaía-se com a sua pequena vida extinta, senti-me a apagar lentamente, o meu olhar perdeu a luz... A partir de então tudo deixou de fazer sentido!

Hoje, quase um ano depois e porque os milagres acontecem, dei à luz uma menina, a Mariana, que faz um mês de vida dois dias antes de o mano Tomás fazer um ano... Um ano desde que o meu menino ganhou asas e voou...

As feridas saram, mas as cicatrizes ficam para sempre. E cada cicatriz esconde uma história; esta é a história da minha cicatriz.

CRISTINA CARVALHO

Após vinte horas de penitência, com as mãos conseguiram, finalmente, fazer rebentarem as águas, e um rio inteiro correu pernas abaixo.

"É uma menina!" Foi assim que começou aquela trágica manhã, quando fiz a ecografia das vinte semanas e a realidade da gravidez se transformou no pior momento que já vivi.

Sempre quisemos ter dois filhos com idades próximas, para que fossem criados juntos. Um ano depois do nascimento do Pedro achamos que seria a altura ideal para engravidar outra vez. Sem grandes percalços – e como na primeira gestação –, engravidei no primeiro ciclo.

Com todas as precauções necessárias tomadas e uma história tão feliz ao fim de nove meses, encarei essa nova gravidez como se da coisa mais natural do mundo se tratasse; como estava enganada...

Fiz tudo direitinho, ecografia para confirmar a gravidez, ecografia das doze semanas e rastreio bioquímico. Aquando da ecografia das vinte semanas, o rastreio já tinha chegado e com resultado positivo (alfafetoproteína – AFP – aumentada); o risco de defeito do tubo neural era de um para dois, ou seja, de 50%. Confesso que na altura tudo foi tão repentino que nem tive tempo de pensar em nada.

Quando a médica disse que era uma menina, um grande sorriso estampou-se na nossa cara; tínhamos o Pedro e daríamos a ele uma irmã. Mas logo de seguida, um silêncio profundo engoliu aquela sala; a médica, em vez da habitual descrição – "Aqui a perninha, as mãozinhas, a carinha..."–, proferiu o fim de um sonho que apenas estava a começar.

"Esta criança não é compatível com a vida, tem espinha bífida, a cabeça em forma de limão..." A partir daquele momento o chão sumiu debaixo dos meus pés, e não consegui ouvir mais nada, lembro-me de que a agonia era tanta que só me apetecia vomitar. Não consegui assimilar tudo, não sabia o que queriam dizer todas aquelas informações. Será que tenho de tomar medicação até ao fim da gravidez para a minha filha nascer bem? Mas o Pedro é 100% perfeito e tão saudável, o que quer isso dizer? Porquê a nós? Mas que mal fez a minha filha?

Naquele momento mil perguntas chegavam ao mesmo tempo ao meu cérebro, e todas sem resposta. A minha filha tinha uma síndrome, a síndrome de Arnold-Chiari, uma malformação rara e congénita, que tornava obrigatória a interrupção médica da gravidez (IMG).

A única certeza que tinha era que dali a dois dias daria entrada no hospital para o nascimento da minha filha, e não a levaria para casa comigo. Foram dois dias dos quais tenho poucas memórias, sinto que os passei a levitar. Lembro que quem me rodeava ficava incrédulo quando eu contava a história; só queria fechar-me em casa, não ouvir ninguém e acordar daquele pesadelo. Depois daquele dia a minha vida nunca mais voltou a ser a mesma, eu tornei-me numa pessoa diferente, perdi um filho!

O processo para provocar o parto foi feito como mandam as normas, mas nada parecia resultar comigo. Foram tantas horas e tantas dores que eu só pensava que aquele inferno nunca mais acabava.

A minha filha não queria deixar o meu útero, ainda não estava preparada para nascer. Fui internada às nove da manhã do dia 23 de fevereiro e a minha filha nasceu às 21h30 do dia 24. Foram os dias e a noite mais difíceis da minha vida. Lembro-me de que as contrações eram intermináveis e seguidas; não sei dizer quantas vezes fui vista, penetrada pelas mãos que avaliavam a dilatação. Após vinte horas de penitência, com as mãos conseguiram, finalmente, fazer rebentarem as águas, e um rio inteiro correu pernas abaixo.

A hora e meia que se seguiu foi muito rápida, recordo a sensação de algo a querer evacuar de dentro de mim. Pedi à senhora que estava na cama ao lado que chamasse uma enfermeira porque algo se estava a passar. Não me lembro de muita coisa, mas lembro-me do parto, da enfermeira que falava comigo intensamente, a tentar abstrair-me do impossível; lembro-me da pergunta: "Queres ver a menina?" E da resposta: "Não! Quero recordar para sempre os cinco meses de plena felicidade quando estava dentro da minha barriga".

Nunca vi a minha filha! Às vezes dou por mim a pensar como seria ela, mas ainda acredito ter tomado a decisão certa. Quando as dores me repudiaram, um vazio lazarento ocupou todos os poros do meu corpo, que nunca mais se preencheu. A minha filha tinha nascido e nunca lhe ouvi um choro que fosse! Nenhum filho substitui o outro, cada gravidez é de um filho desejado. Vi a minha filha partir dentro de uma caixa, num carrinho do hospital, em vez de sair de lá nos meus braços, para casa.

Chorei, chorei, chorei... Ainda hoje choro a morte de uma filha que nunca teve a oportunidade de me chamar mamã.

Seis meses depois tive luz verde do Instituto de Genética e do meu obstetra para engravidar e, tal como das outras vezes, ao fim do primeiro ciclo o positivo chegou. Foram nove meses de ansiedade até que tudo terminasse bem. Quis Deus dar-me a maior prenda no Dia da Mãe de 2007, e, pelas 11h30 do dia 6 de maio, ouvi o meu Tiago chorar.

E, assim, agarrei aquela nova vida que tinha acabado de sair de dentro de mim, com o choro que desejei ouvir à irmã. Quando olho para o Tiago é como se visse dois filhos num, juntos ele próprio com a personalidade forte que tem e a minha filha que nunca chegou a conhecer este mundo.

Hoje, ao escrever estas palavras, olho para o passado com mais calma e serenidade, mas sempre com um nó no estômago. Nunca esquecerei que tenho três filhos, o Pedro, a minha filha e o Tiago.

Termino como deveria ter começado: meu nome é Cristina Carvalho e sou mãe de três filhos – sei que o fazendo no fim se recordarão do início de uma vida que apenas acabou cedo demais.

INÊS FARIA

Ao olhar para o monitor vi nitidamente uma translucência nucal (TN) de cinco milímetros.

Quis partilhar a minha história... Porquê? Para render a homenagem merecida a um pequeno coração que pulsou e suspendeu a sua vitalidade prematuramente.

É o testemunho de quem passou por uma perda gestacional induzida, uma interrupção médica da gravidez (IMG), provavelmente a pior coisa que pode acontecer a uma mulher. As consequências físicas e, sobretudo, as psicológicas são exterminadoras, duras, inimagináveis. Emocionalmente, fica-se um farrapo. Estamos conscientemente a terminar a vida de uma criança inocente e isso seca-nos por dentro.

Às vezes, como hoje, duas semanas depois da data prevista para o nascimento, quero pensar que tudo não passou de um pesadelo. É que, sem cair na autocomiseração, acho que nenhuma mulher merece o que eu passei: sentir-me a assassina do meu próprio filho.

Uma dádiva, uma alegria imensa, e depois aquele desfecho...

Desde o nascimento do meu filho mais novo apenas tive três menstruações. De início nem liguei e cheguei a achar natural, porque estava a amamentar intensivamente. Mas os meses passavam e nada. Quando o Tiago fez dois anos, a minha médica disse que alguma coisa se passava, e, após análises, ecografia e tomografia axial computorizada (TAC), concluiu-se que tenho um microprolactinoma. Basicamente, os ovários não funcionam por excesso da hormona prolactina.

E enfrentei a difícil realidade de ser infértil aos 37 anos.

Por isso, nem liguei quando comecei a ter o primeiro sintoma que tive nas minhas anteriores gestações: dores uterinas. E, no entanto… Sempre disse que gostava de ter mais um bebé. Para tirar as dúvidas, fui fazer o teste. Esperei pela manhã, ansiosa, como se já soubesse o resultado. E deu positivo. Não acreditei. Não podia ser. Eu era infértil. Decidi repetir o teste, e fui à farmácia. Quando deu novamente positivo, senti-me a mulher mais feliz do mundo!

As primeiras semanas foram vividas placidamente, com a tranquilidade de quem está na sua terceira gravidez. Olhava para a minha filha e para o meu filho e imaginava-os a brincar com o irmão ou irmã, pequenino(a), no chão da sala, brinquedos espalhados por todo lado. Vivia o meu sonho, crédula na sua realização exatamente como almejava.

Mas um dia tudo mudou e o sonho desintegrou-se em mil pedacinhos.

No dia anterior ao aniversário da minha irmã, fiz a ecografia de rotina das doze semanas. Na realidade, estava de onze, mas aproveitei a ida ao Algarve para pedir à minha prima que me fizesse a ecografia no sábado.

Então aconteceu… Foi naquele momento silencioso que soube que alguma coisa estava muito mal.

Ao olhar para o monitor vi nitidamente uma translucência nucal (TN) de cinco milímetros. Sem margem para dúvidas, alguma coisa muito grave estava a acontecer ao meu bebé-milagre. E com a minha idade, só podia ser uma coisa…

Fui direcionada para a Maternidade Alfredo da Costa (MAC) e, logo na segunda-feira, repeti a ecografia. "Sim, a TN está muito aumentada. Ausência dos ossos do nariz… e parece-me que os membros são um pouco curtos. Tudo aponta para trissomia 21."

Senti-me morrer ao ouvir aquilo. Os meus vizinhos do lado tinham um filho com T21, e eu e os meus irmãos crescemos par a par com essa patologia. Eu sabia que não queria lançar ao mundo uma criança destinada a ser discriminada e a ter complicações de saúde frequentes e graves. E ficou estabelecido logo ali que queríamos a IMG caso se confirmasse. Mas era preciso fazer a análise do cariótipo do bebé.

MATERNIDADE INTERROMPIDA

Passados alguns dias fiz a recolha das vilosidades coriónicas. Aceitei aquela agulha comprida a furar a minha barriga sem nenhum queixume, porque, a confirmar-se a T21, poderia fazer a IMG o mais cedo possível e acabava-se aquele sofrimento absurdo.

No entanto, o resultado tardava em chegar. Telefonava frequentemente para a enfermeira do diagnóstico pré-natal (DPN), desfeita em lágrimas, porque o tempo passava e o bebé ia crescendo. Finalmente, recebi a chamada que guardava o segredo: "Tenho boas notícias para si, Inês. O cariótipo está normal, o seu bebé não tem nenhuma trissomia".

E em vez do alívio esperado senti horror.

O que seria então!

Mais uma ecografia, mais atenções, maior necessidade de se encontrar o problema.

"Parece ser um nanismo. Os membros são muito curtos e a cabeça muito grande." Foi essa a probabilidade que ouvi da boca dos médicos; o horror deu lugar a um desespero atroz.

"Não pode ser", replicava em silêncio, "não pode ser". "Porquê? Porquê?!" A médica olhava para o monitor, impassível. Fazia ecografias de duas em duas semanas, até ao diagnóstico.

Essas semanas, até ao desfecho, foram sem sombra de dúvida as piores da minha vida. O sofrimento não podia ser descrito por palavras, e ainda hoje é um pouco assim. Quantas vezes pensei que não aguentaria… Tive total solidariedade por parte da minha família. E o meu marido, coitado… Andava taciturno, sem deitar fora o sofrimento dele. Eu, então, chorava que nem uma perdida, gritava, dava murros na almofada, e não tocava na minha barriga. Mas essa tentativa de afastamento não deu resultado.

Sentia que ninguém sabia realmente como eu estava a sofrer. Completamente destroçada, passava horas agarrada ao computador, vindo a conhecer o fórum Pink and Blue e a Associação Artémis. Pude então dar largas à minha dor, escrevendo freneticamente, com as lágrimas a cair no teclado, recebendo de volta as palavras amigas e a compreensão de que tanto precisava.

Aquelas pessoas entendiam-me de verdade, muito embora nenhuma delas tivesse propriamente conhecimento de causa. Porque um aborto espontâneo não é "crónica de uma morte anunciada", como era o meu caso. Mesmo assim, procurava aquele site todas as noites e a escrita foi a minha forma de luto. Porque eu fiz o meu luto antecipadamente, ainda com aquele bebé dentro de mim.

E as semanas passavam. "Temos de dar tempo para o feto crescer", dizia laconicamente a médica do DPN. "Mas é um nanismo. Se for tanatofórico pode fazer-se IMG, mas se for acondroplasia, que é compatível com a vida, a IMG não poderá ser feita."

Eu estava já em tal estado de torpor que ouvia aquela mulher a falar e não tinha reação. Já não tinha lágrimas, apenas um buraco cá dentro. Se eu não queria ter uma criança com T21, um anão então... Parece uma palavra feia, não é?

Pois é assim que seria, com as pessoas a olhar de lado (ou mesmo à descarada) e a fazer comentários, até mesmo com risinhos estúpidos à mistura. Para não falar nas barreiras físicas. Não, eu não queria mesmo ter uma criança assim, seria uma crueldade. E, contudo, teria de nascer porque as comissões de ética deste país assim o determinaram.

Depois de seis semanas finalmente o diagnóstico: era nanismo, mas tanatofórico. A IMG foi-me de imediato oferecida. Até me sinto um pouco culpada a escrever isto, mas a verdade é que respirei de alívio.

O nanismo tanatofórico é uma patologia extremamente rara que faz que os ossos sejam muito curtos e curvos; o tórax dos fetos com essa patologia é de tal forma pequeno que impede o recém-nascido de respirar. Esse tipo de nanismo é tão grave que a IMG pode ser feita a qualquer altura da gestação, mesmo que tenham passado mais de 24 semanas.

Por isso não tive dúvidas, culpas ou remorsos. Fazer a IMG naquele momento era um ato de amor. Seria preferível a deixar o bebé crescer e nascer para, passadas algumas horas, morrer.

As seis semanas entre a detecção de problemas e o diagnóstico final vão pesar-me para sempre. Acho que nunca tive nem terei um sofrimento tão profundamente desesperado. Só conseguia pensar que a pobre criança continuava a crescer e quanto mais tempo passava, mais sentiria.

Não podia deixar de pensar no sofrimento que teria o bebé durante a IMG. Coitadinho, não tinha culpa de nada.

Após dois adiamentos, fui finalmente internada na MAC para a indução, que só resultou no parto ao fim de três dias. E pensei que tudo acabou ali, no primeiro dia da primavera.

Mas nem tudo termina assim tão facilmente. E hoje, passados mais de cinco meses, há momentos em que ainda sinto uma profunda tristeza e, se antes nem sequer tocava na barriga, agora dou por mim agarrada a ela, a chorar o bebé que se foi. Depois de tudo, fiquei com duas convicções: a de que nem sempre certas coisas acontecem só aos outros e a de que, por ter conseguido superar tudo que me aconteceu, sou mais forte do que pensava.

Quis partilhar a minha história para que outras mães que passam ou passaram pelo mesmo sintam que não estão sozinhas.

E também para prestar um tributo à Francisca, que talvez um dia venha a conhecer, num mundo perfeito e feliz.

MARIA DOS ANJOS TOMAZ

A Raquel era o bebé mais pequeno que eu já tinha visto, pesava 2,4 quilos e media 42 centímetros. Cabia na palma da minha mão, mas trazia a força, a beleza e o deslumbre do milagre de sermos pais.

Nós só queríamos um filho! O nosso primeiro filho!

Mas vejo-me sentada nas escadas do consultório a querer ser mais pequenina que uma formiga e sem entender porque de repente o conjunto das células daquele que seria o nosso primeiro filho me malignou as emoções; os meus olhos se atrofiaram, encharcados em lágrimas.

O diagnóstico foi fácil para o médico, mas a forma de o transmitir foi difícil.

O doutor Malta abraçou-me com os seus braços gigantes e a sua voz poderosa, mas terna: uma mola hidatiforme ocupava o écran do ecógrafo.

Lembro-me muito bem daquele entardecer há dezoito anos, porque aquele dia deixou marcas que tentamos abafar em alguns momentos e que se podem soltar agora.

Onde me poderei esconder sem que ninguém me veja nessa dor e nessa ignorância de uma perda?

Como poderei explicar-te daqui a pouco, quando chegares ao pé de mim, o erro da fisiologia da migração de células que erradamente se multiplicaram e me levarão a uma curetagem e uma posterior quimioterapia?

Como poderei explicar-te que do amor pôde resultar uma contradição celular difícil de definir e de entender?

Não derramaste uma lágrima, as minhas chegavam para os dois! Esconderte-as, abraçaste-me e caminhámos assim pelas ruas durante algumas horas. Falavas e silenciavas... e eu ouvia as tuas palavras e os teus silêncios e sentia a tua coragem, a tua força, o teu amor. A mensagem uniu-nos ainda mais: é preciso continuar a caminhar nesta vida e neste projeto, determinados a sempre privilegiar o amor, aconteça o que acontecer!

O que fazer a esse vazio? Como retirar da memória os corredores intermináveis do Instituto Português de Oncologia (IPO), que me ocuparam durante meses?

Primeiro dei por mim a ler tudo sobre o assunto, a querer entender o inexplicável, mesmo que as explicações fossem suportadas por longas e difíceis evidências científicas. E eram muito poucas, por sinal!

Acabei essa fase ao descobrir a maior evidência de todas: a vida surge com acontecimentos que obrigatoriamente nos têm de fazer crescer e evoluir. Parei de procurar a ciência das coisas e preenchi o tempo o mais possível, dedicando todos os segundos à música (voltei a tocar viola), à pintura e aos desafios profissionais mais arrojados, num esforço e com uma determinação que me trouxeram paz, serenidade, realização e, principalmente, uma outra forma de estar com todas as crianças que passam pela minha vida profissional.

Quando a situação se restabeleceu, passados dois anos, uma nova gravidez, surpreendeu-nos. Não controlamos aquilo que vai acontecer dentro de mim, não conseguimos definir o rumo que a fisiologia tomará! Quem dera que o estetoscópio tivesse olhos gigantes que nos transmitissem a beleza maior desse processo e nos tranquilizassem as emoções!

Mas ficamos reduzidos, diminuímo-nos nessa espera difícil e nessa ansiedade motivada por não podermos controlar os acontecimentos. Ao fim de 41 semanas, a nossa primeira filha nasce, de cesariana e em situação de risco por princípio de descolamento da placenta, a partir dos cinco meses, e por pré-eclampsia.

Apesar dessa situação final, eu soube desde os seus três meses de gestação, desde que ouvi e vi o bater do seu coração, que este bebé seria uma dádiva do céu. A Raquel era o bebé mais pequeno que eu já tinha visto, pesava 2,4 quilos e media 42 centímetros. Cabia na palma da minha mão, mas trazia a força, a beleza e o deslumbre do milagre de sermos pais.

Mais dois anos passaram e outra gravidez ocupou a nossa vida! Novamente uma placenta traiçoeira! Apresenta-se então com um lobo e faz-me ficar de repouso a partir dos seis meses, com dois internamentos até ao final da gravidez.

A Mariana nasce de cesariana às 38 semanas, depois de muito lhe implorar que permanecesse o tempo certo e surgisse radiosa. Como filha apressada, antecipou-se um pouco, mas, de tanto me ouvir, quando nasceu só parou de chorar quando escutou a minha voz carinhosa, entrecortada por lágrimas de felicidade. Reconheceu-a, e então observou-me com os seus olhos grandes e profundos e aconchegou-se sossegadamente no meu peito.

Antes disso, quando percebi que teria de voltar a fazer uma cesariana, solicitei aos médicos que a fizessem com epidural, porque precisava muito de ver bem o que ocorria à minha frente, o milagre maravilhoso da vida, já que seria difícil atrever-me a voltar a lidar sabe-se lá com que outras placentas!

Apesar de ter alguns reduzidos conhecimentos de biologia, esse desarranjo placentário, determinado a tornar difícil a concretização dos nossos sonhos, sempre me intrigou.

Com o tempo, acabei por abandonar o hábito de buscar tanta explicação para tudo e me envolvi na ocupação de amar para sempre as minhas duas princesas, que nos preenchem e fazem parte de uma família alegre, determinada e feliz!

O meu testemunho ficaria incompleto se não registasse o carinho, a ternura, a compreensão e a humanidade com que o doutor Álvaro Malta me seguiu em todas as ocasiões de todos esses processos. Essas qualidades deveriam ser sempre aquelas mais visíveis e mais sentidas em todos os médicos, que têm nas suas mãos a vida de todos nós!

SARA CABRAL
Após uma noite de dores e um trabalho de parto normal, enviei para o céu a minha primeira filha [...].

O relógio biológico não parava de apitar. A minha história começa desde que era pequenina, pois sempre tive cá dentro a vontade de ser mãe, sempre achei que seria o cumprimento de uma tarefa para a qual sei que fui talhada.

Após algumas relações falhadas, encontrei, com 23 anos, aquele que sei que virá a ser o pai dos meus filhos, aquele companheiro e amigo que no fundo sabemos ser o tal. A nossa história foi calma, mas linda; aprendi o que eram a compreensão e a cumplicidade e criámos um laço muito forte.

Quatro anos passados, após algumas turbulências que nos deixaram mais unidos, a minha mente apenas pensava em criar um ser que fosse a continuação da nossa história. Apesar de termos conversado sobre o assunto, a altura ideal ainda não estava próxima; fui controlando os impulsos maternos à espera do dia em que tudo estaria perfeito para receber uma dádiva que sabia preciosa.

Em julho de 2007 sofri uma enorme perda com a morte do meu pai; foram meses extremamente complicados, em que ninguém queria acreditar que aquilo tinha acontecido. A minha mãe, irmã e eu tornámo-nos ainda mais unidas, a minha relação ficou ainda mais forte e o desejo de ser mãe, muito mais intenso.

Meses mais tarde o período atrasou, o meu peito começava a inchar e o instinto maternal já me vociferava que havia um ser a crescer dentro de mim. Procurei pelo teste que me confirmaria esse ensejo e sozinha, numa quinta-feira, dia 10 de janeiro, embati com o meu POSITIVO. Histérica, ria-me aparvalhadamente. Não sabia o que pensar, uma torrente de alegria, misturada com desassossego, infestava-me a alma; não era de maneira nenhuma a melhor altura em termos financeiros, mas eu sabia que tudo se resolveria.

Será que estou à altura da tarefa? Vou ser uma boa mãe? MÃE! Ia ser mãe!

Marquei a consulta com o obstetra, parecia que só acreditaria quando o visse na ecografia, e estava lá, o meu ser minúsculo (seis milímetros). Chamei-lhe ervilha; estava com dez semanas. A minha mãe ficou louca de alegria, dizia que já tinha desistido de ser avó, e, após a morte do meu pai, um bebé era uma lufada de ar fresco. No trabalho foi uma alegria total, era a primeira a estar grávida, a primeira amiga a ter um bebé! Andava nas nuvens!

Às treze semanas fui fazer o rastreio bioquímico e a ecografia do primeiro trimestre. Durante o exame não deu para vermos o sexo, mas o bebé era perfeitinho, tinha a mão à frente da cara e mexia-se muito, estava grande e viam-se os dedinhos, os pés, o narizinho... meu Deus!

Fiquei à espera do resultado do rastreio e, com quinze semanas, veio o começo da agonia. O médico ligou-me e o resultado não era o esperado, havia grande possibilidade de ser um caso de trissomia 21. Não queria acreditar, fartei-me de chorar, mas no fundo pensei que era um erro, só podia ser, a ecografia estava ótima e eu só queria acreditar no que via, havia de certeza um engano na análise. Procurei uma segunda opinião, pois o primeiro médico tinha sido bastante insensível aquando da notícia, e, durante a nova consulta, o obstetra disse que o rastreio combinado tinha sido malfeito, pois não tinham avaliado as análises juntamente com as medidas da ecografia. Devia ser erro, de certeza.

Deu-nos a hipótese de esperar pela ecografia das 21 semanas, mas eu não conseguia viver aquela angústia tanto tempo, por isso a única solução era a amniocentese.

Estava desesperada! E se corresse alguma coisa mal por causa do exame? Era um risco, mas eu tinha de saber. Fiz a amniocentese às dezassete semanas na Maternidade Alfredo da Costa (MAC); era uma menina... a Carolina...

Foram semanas horríveis, a barriga estava enorme, a Carolina não parava de mexer-se, uma confusão de sentimentos nascia em mim, não sabia bem como me havia de sentir. Sentia-me grávida e linda; recordo-me de estar nas aulas e sentir as pancadinhas que ela dava na barriga, como a lembrar-me da sua presença permanente, fartava-se de pular!

Conversámos sobre os possíveis resultados, mas nem eu nem ninguém acreditávamos realmente que pudessem ser os piores. Até ter mesmo os resultados, não queria acreditar que o sonho se pudesse esfumar. Planeei fazer uma grande festa depois de saber o resultado, ia gastar bastante dinheiro em roupitas, viver a gravidez como até então não tinha conseguido. Só pensava que tinha passado cinco meses em angústia, mas que ainda tinha quatro para extravasar.

Dia 21 de abril. Acordei extremamente nervosa; era o fim do prazo para ter o resultado da amniocentese. De manhã não conseguia parar de chorar e só pensava no mal que essa angústia toda estava a fazer à minha bebé. Ao meio-dia recebi o telefonema. O mundo parou.

Desfiz-me em lágrimas, muitas delas por saber o que estava prestes a decidir. Como é que se toma uma decisão destas? Como é que se explica? O turbilhão de emoções era horrível, as lágrimas não paravam, estava completamente sozinha, apesar de ter pessoas em casa. Como é que eu podia pensar em... até me custa dizer... mas como é que uma mãe pensa em tirar um bebé? Devo ser uma pessoa horrível, egoísta, como dirão muitos, mas eu só pensava na saúde debilitada que ela teria, nas dificuldades acrescidas à vida dela e à nossa. Mas isso doía-me horrores, ela mexia-se dentro de mim, era parte de mim. Telefonei ao pai, não conseguia passar por isso sozinha; foi o meu "barco no cais".

Dia 22 de abril. Formalização da decisão. Chorava compulsivamente enquanto a médica descrevia friamente as malformações da Carolina, no nível dos pulmões e coração. O internamento às quatro da tarde, uma barriga tão grande, a primeira gravidez, a primeira filha, primeira neta, sobrinha, e a barriga tão grande...

Diziam-me que demoraria, o meu corpo não estava habituado. O meu corpo? E a minha cabeça? Os meus sonhos? A minha filha?

Estava cheia de medo e a Carolina não parava de mexer... que sensação, que aperto no peito cada vez que a sentia; só lhe pedia desculpas por não ter coragem de a ter, de qualquer maneira...

Comecei a tomar os comprimidos às cinco da tarde; de seis em seis horas tomava mais uma dose para parar a gravidez.

Dia 24 de abril... Foi o dia em que a Carolina nos deixou... Após uma noite de dores e um trabalho de parto normal, enviei para o céu a minha primeira filha; na maca, entre corredores, elevadores, gente que se acumulava em zonas de espera em direção à sala de partos, chorei, sem forças – um choro que mais parecia um gemido. Entre os familiares ansiosos de ver os seus netos e sobrinhos, mães que amamentavam e davam colo às suas estrelas recém-nascidas, eu vestia-me, para mim tudo tinha acabado, uma mistura de inveja e pena de mim mesma acumulava-se cá dentro.

Quero esquecer, mas sei que é impossível, vou-me acostumando à ideia e à lembrança de um momento que não quero voltar a viver. A Carolina faz parte de mim e sempre estará no meu coração e pensamento; sou uma mãe sem filha, mas sei que ela está lá e espero que me tenha perdoado.

SÍLVIA BRITES

Em meio a descontrolo, sofrimento e força física, nasceram os meus bebés, mas não choravam como os outros; um profundo silêncio de dor e o desejo absoluto de partir com eles...

"Estou grávida! Já consigo dizer!"
Foi por volta de 2004 que começaram a aparecer algumas dores, umas dores perturbadoras pouco antes, às vezes depois, do período menstrual. Dores como nunca senti, a ponto de não me conseguir sentar ou andar de gatas; nada as fazia parar.

Começaram as idas ao médico e todas as queixas pareciam não ter fundamento: "Isso já é da sua cabeça", disse-me um doutor. Finalmente um exame diferente foi-me proposto e a verdade é que desse dia à primeira cirurgia foi um ápice: endometriose, o diagnóstico e o início de uma viagem de tortura.

Cansados de testes negativos, de tentativas alimentadas por sonhos que sempre se esfumavam num fumo opaco de tristeza, procurámos uma consulta de infertilidade. Que palavra tão cruel para quem deseja ter um filho! Esse nome não se encaixava na nossa vida.

Após um ano de exames surge a segunda cirurgia: desta vez apenas quatro furos assinavam a sua presença, e não os dezoito anteriores. Então sou confrontada com a frase: "Não vai conseguir ter filhos de forma natural, só com fertilização *in vitro* (FIV)". Algo terrivelmente destruidor me aspirava a pouca benignidade que sentia cá dentro. Essas três letras, FIV, representavam o mais cruel e artificial ato de conceção!

Em 2007, com o primeiro tratamento, aproximo-me perigosamente do sonho, o sonho de ser mãe: "Parabéns, a cada três casais apenas um consegue, e foram vocês!"

Porque é que tem de ser assim? Para que uns consigam, outros não conseguirão... Incrédulos, aceitámos viver o nosso sonho, até que a primeira ecografia ditou: "Grávida de gémeos monozigóticos".

Como é possível? Meu Deus! Estamos a ser compensados com tamanha felicidade?

Conseguindo finalmente assumir a realidade, não podíamos mais deixar de partilhar esse sonho e de acreditar nele. Apenas algumas batalhas estão ganhas, não a guerra, mas a felicidade vivida até aqui ninguém nos pode tirar. Viver um dia de cada vez, o melhor que se consegue, é a estratégia.

A barriga crescia saudavelmente, com duas vidas maravilhosas dentro de mim, e a ecografia das dezasseis semanas apresentava-se muito especial: finalmente saberíamos o sexo dos nossos bebés. Tudo parecia perfeito.

Mas o destino trouxe-nos outra coisa... Síndrome de transfusão feto-fetal (STFF).

Desde o início não gostámos da cara do médico; espelhava certa preocupação. Passei a fazer perguntas e a engolir em seco; via-se claramente que algo não estava bem. Começou por dizer-nos que um dos bebés não se mexia e que o outro tinha bastante líquido amniótico. Estava muito agitado. Não queríamos acreditar que algo de errado estivesse a acontecer, estávamos agora a acreditar na nossa gravidez e a vivê-la intensamente, a afastar o fantasma da infertilidade.

Depressa tínhamos um amontoado de ecógrafos à nossa volta, todos inquietos com a missão de interpretar o meu interior, até que uma médica, que jamais esqueceremos, diagnosticou o problema acrescentando: "É grave, se não fizermos nada vai perder os dois; podem ir a Barcelona?"

Parecia um filme de terror, tudo acontecia muito rápido, e, após a mobilização no hospital, domingo à tarde partíamos para Barcelona sem saber o que nos esperava e se tudo valeria a pena. Não existem palavras para descrever quanto fomos bem recebidos, todos se determinaram a salvar os nossos bebés a todo custo, os nossos dois meninos.

Mas a vida tem caminhos escolhidos e nada foi fácil, as complicações passaram a ser a palavra de ordem. Durante a cirurgia, à qual assisti desperta, podia perceber que não viam a totalidade da placenta, a distância entre os bebés era muita, o que levou a uma demora não equacionada, aumentando os riscos. Enquanto tudo se passava ao meu redor, sentia-me impotente, vendo mexerem-me nas minhas entranhas, tocarem nos meus filhos, sem conseguir responder. Pelos palavrões e sopros do médico, percebia o pior.

Resolvi fechar os olhos e imaginar-me com o meu marido e o nosso pequenino a fazer uma roda na praia, felizes, a cantar e a sorrir muito. Tinha leves caracóis e todo ele era muito parecido com o pai; às vezes aparecia o irmão, outras vezes não…

Quando tudo acabou, sentia um frio glacial, dores que massacravam; a cirurgia tinha sido difícil e não tinham a certeza de quantos vasos da placenta cortaram. Nesse mesmo dia, à noite, confirmou-se a morte de um dos bebés.

As restantes ecografias revelavam que o bebé sobrevivente não fora afetado pela morte do irmão e que morfologicamente parecia estar bem; no entanto, havia apenas 50% de probabilidade de não ter sequelas por causa da intervenção e não ter problemas neurológicos. Só o tempo e o desenvolvimento dele nas próximas semanas é que confessariam… O nosso comportamento não podia ser mais o mesmo: apesar de termos muita esperança e fé, teríamos sempre muitas dúvidas e medos e cada eco ou análise seria um desespero.

Sempre que fazíamos uma ecografia, por exemplo, éramos obrigados a ver os dois bebés, um vivo e um morto. Num só gesto destruiu-se um sonho. Se fossem cinco filhos queríamos todos, que dor insuportável! O pesadelo estava só no início…

Parecia ser uma manhã como todas as outras, as coisas pareciam estar agora a querer acalmar-se. Apesar de existir uma forte possibilidade de o meu menino ter problemas, nós queríamos acreditar que o pior já tinha passado... Contudo, estava a preparar-me para tomar banho quando comecei a sentir um líquido transparente a pingar-me os pés... Foi tudo muito rápido, quando dei por mim estava na urgência aos gritos, a bolsa tinha rebentado. Nunca vou esquecer aquele líquido semitransparente, quente, a escaldar-me o corpo e a incinerar-me por dentro. O meu sonho estava prestes a render-se, mas a natureza, em atitude de completo massacre, decidia que ainda não era a hora... O meu bebé já não tinha quase líquido nenhum a envolvê-lo, mas o colo selava-se à sua passagem e as contrações cobardemente adiavam o seu curso.

Foram 10 dias de cama, sem me poder mexer, 10 dias de esperança, angústia e desespero. Não só para nós, mas para toda a equipa médica.

Ao meu lado, uma grávida reclamava porque lhe tinham mudado a data da sua cesariana para o dia seguinte e mutilava-me... Todas as grávidas tinham uma barriga muito maior que a minha e todas se podiam movimentar...

O meu bebé seguia resistindo, lutava, era um batalhador, apesar de sabermos que ele não sobreviveria naquela situação. Surgiu a última oportunidade: retirarem-me plaquetas sanguíneas, introduzi-las na barriga e esperar que elas fechassem a ruptura da bolsa, uma técnica nunca antes utilizada naquele hospital. Parece incrível, mas é mais um procedimento que se faz nestas situações! No entanto, a probabilidade de resultar é de um em cada cinco casos, e comporta muitos riscos, pois é uma invasão.

Efetivamente a bolsa estava a fechar, em duas ecografias observou-se que o líquido estava a aumentar, mas o coração do meu bebé, já cansado de tanto sofrimento, deixou de bater...

Fui para uma sala de dilatação, onde o fim exerceu a sua autoridade. Apesar de ter o meu marido sempre a meu lado, não havia lugar para palavras, apenas um olhar triste e profundo de pura angústia. Por detrás do nosso silêncio, conseguimos ouvir um parto do princípio ao fim, os gritos da mãe, o choro do bebé, a alegria do pai... e o meu sonho estava ali, mas não em mim...

Por fim as dores tornaram-se insuportáveis. A parteira, com tristeza no rosto, informou que os bebés estavam a sair. Um momento que sempre desejei em toda a minha vida, mas não assim. Em meio a descontrolo, sofrimento e força física, nasceram os meus bebés, mas não choravam como os outros; um profundo silêncio de dor e o desejo absoluto de partir com eles...

Fui mãe!

É indescritível a dor da perda, só restam o vazio e a saudade... A própria infertilidade agora passa a ter OUTRO sentido. Toda a equipa médica ficou muito emocionada com a nossa história; despediram-se de nós com a convicção de que voltaríamos e sairíamos com um final feliz.

Com essa experiência perdi a capacidade de sonhar... Sei que o tempo vai ajudar a amenizar a dor, mas algo em mim mudou para sempre. Como pode alguém morrer antes de nascer? O diabo cortou-nos as asas.

Enfrentar o mundo é a segunda parte do pesadelo: alguns são mais insensíveis, outros curiosos, outros compreensivos, mas quase todos cravam-nos verdadeiras facas em forma de palavras.

Hoje ainda procuro meus filhos nas ecografias e por momentos ainda os consigo ver. Por vezes sinto que eles estão comigo para além do baú fechado com as coisinhas deles ao fundo de um quarto... Dizem que o sofrimento nos torna mais capazes; eu não sei, mas quero acreditar que a razão de todo esse nosso perder vai anunciar um castelo, um castelo onde reinará o nosso sonhar.

CRISTINA SANTOS

O saco das águas, que nutria os meus bebés, sucumbiu à ferocidade daquelas contrações prematuras com um rasgo, e, mais uma vez, perdia os meus filhos [...].

Chamo-me Cristina, tenho 34 anos, sou emigrante na Alemanha e casada há oito anos com uma pessoa maravilhosa.

Decidi escrever estas linhas porque é muito importante sabermos que não estamos sós e que não é só a nós que as coisas acontecem; infelizmente sei bem o que significa perder um filho tão desejado.

Em julho de 2006 estava com um atraso de duas semanas no meu período menstrual, mas devido à irregularidade habitual das minhas menstruações não fiquei preocupada. Em guarda fiquei quando, passados uns dias, umas dores muito fortes tomaram de assalto o meu ventre, fazendo-me sentir rendida à sua bestidade. Comecei a observar perdas de sangue, que assimilaria ao meu período não fossem as dores tão insuportáveis. Intimidada, pedi guarida ao hospital; a médica, após um simples teste, confirmou-me a gravidez. Por instantes senti-me glorificada, mas apenas por instantes, porque as coisas não estavam bem... Desenvolvia uma gravidez ectópica; com uma enorme facada no peito, ouvi a explicação e sabia que aquele bebé não podia evoluir, estava enclausurado na trompa e eu corria risco de vida...

A partir daquele dia nunca mais fui a mesma.

No entanto, a vontade de ser mãe era incomensurável e, em dezembro do mesmo ano, engravidei uma vez mais. Em janeiro de 2007, numa ecografia de rotina, tive uma espécie de recompensa: fecundava gémeos. Estaria a ser compensada por ter perdido o meu bebé no verão anterior?

Agarrei-me a essa maternidade como se fosse a minha última oportunidade de a fazer acontecer; mudei a minha vida completamente, queria que tudo corresse bem, sentia-me a mulher mais linda do mundo, as consultas eram sempre positivas e tinha dois meninos a preencher-me a alma.

QUE SONHO...

Às vinte semanas fui fazer uma ecografia por volta da uma da tarde. Mais uma vez estava tudo bem, eram perfeitos os meus meninos, tinham terminado a sua primeira viagem do desenvolvimento, possuíam todos os órgãos e só lhes restava crescer. Mas pelas onze da noite do mesmo dia, comecei a sentir contrações vorazes que, sem nenhuma piedade, forçaram um desfecho desacertado. O saco das águas, que nutria os meus bebés, sucumbiu à ferocidade daquelas contrações prematuras com um rasgo, e, mais uma vez, perdia os meus filhos, que já tanto amava. Nasceram de parto normal; os meus meninos nasceram vivos, lutaram, mas não resistiram porque eram demasiado pequeninos, num mundo tão esfomeado da sua débil vida. Não os vi, faltou-me a coragem, salva pela do meu marido, que os contemplou... Eram perfeitos...

Quero tentar novamente, mas a dor é assustadora, o medo é muito grande.

Penso neles todos os dias.

CAROLINA RESENDE

Algo começou a furar de dentro de mim, mas não saiu totalmente; algo estava ali, metade dentro, metade fora.

E finalmente as palavras mágicas, que tantas vezes sonhei ouvir, faziam-se soar pelo ar que respirava melodiosamente e alimentavam-me o espírito macerado por tantos anos de sofrimento: "Está grávida", e ao som dessas palavras tornei-me na mulher mais feliz do planeta.

Vinte e quatro de novembro de 2005 será para sempre a data em que tudo teve início, mas rapidamente caminhava para um fim.

Comecei então a fazer planos, planos comuns a todas as mamãs, sendo que o principal crescia de forma galopante na minha cabeça – sonhava, como sonhava! Estava grávida e seria mãe.

Algo poderia correr mal? Claro que não! Nunca para mim essa alternativa se aproximou da aura que emitia luminosamente. Até por vomitar eu me sentia feliz, tudo era um sinal de que as minhas células se dilatavam, desdobravam, se reproduziam no meu bebé; o meu corpo, que tinha sido estéril durante tantos anos (catorze), estava fértil e a borbulhar de vida.

Fiz muitas ecografias, já que andava a ser seguida pelo serviço de esterilidade dos Hospitais da Universidade de Coimbra (HUC).

Fiz a primeira às quatro semanas, a terceira a 7 de dezembro – e ouvi o latejar do pequeno coração do meu bebé, um sinal intermitente dentro do meu abdómen, que comunicava incessantemente –, a quarta ecografia realizei-a às dez semanas e aquela que se descobriu ser a derradeira a 17 de janeiro de 2006. Fazer uma ecografia significava poder pegar no meu bebé ao colo, para mim ele tornava-se tão real nesses momentos, era tão indubitável, no entanto, desta vez o olhar meditabundo do médico sobre o monitor era desconfortável.

Ele o media uma e outra vez e voltava a medir, perguntava-me a idade, se já tinha tido alguma gravidez, se havia casos de trissomias na minha família, eram demasiados "ses", agora eu sei, mas naquelas circunstâncias respondia a tudo muito tranquilamente, convencida de que o processo seria mesmo assim. Logo que termina a ecografia, uma bomba exterminadora é detonada pelas palavras que lhe saíam da boca pausadamente, quase que ornamentadas para alturas desse género. E aquele dia que tinha amanhecido lindo e soalheiro estava de repente negro e frio, muito frio. A translucência nucal (TN) do meu bebé estava aumentada.

Naquele dia deixei de viver, toda a certeza de que seria mãe foi ceifada sem dó nem piedade e vegetei até ao dia da amniocentese. A vida é ambígua e tem nuances que podem ser horripilantes: o lugar onde me foi dada a melhor notícia da minha vida servia agora para a prática de um exame que comportava risco de aborto e que ditaria a sorte do meu bebé tão desejado. Explicaram-me que a TN é um sintoma passageiro, por isso haver a necessidade de fazer amniocentese; contudo, a ecografia do meu bebé mostrava o osso do nariz, o que por si só já costuma ser um bom sinal, já que normalmente os bebés com trissomia não aparecem com o osso do nariz formado.

Assim que entrei no ventre daquele ambulatório, vesti uma bata que tinha o peso do meu terror, vestia-a com dificuldade, coloquei uma touca e compassadamente fui fazer o exame que mudaria toda a minha vida. Durante quatro semanas, o tempo de espera dos resultados, encharquei-me em lágrimas, não comia, não dormia, sobrevivia numa espécie de limbo onde chorava dia e noite. Tentava preparar-me para o pior, mas o pior já vivia – a angústia é trucidante.

E o dia chegou… Carregava um coração gasto, cansado de me alimentar, desidratado, que se esvaía pelas lágrimas que vertia, e um rosto desfigurado de tanto chorar. A minha filha tinha trissomia 21 e falha cardíaca grave.

Sem alternativa, a interrupção médica da gravidez (IMG) era o único meio a seguir, já que a minha menina… sim, era uma menina, estava muito fraquinha, com o peso muito abaixo da média e com os batimentos cardíacos mesmo a falharem. E foi ali, naquela sala onde eu soube que estava grávida, que agora segurava uma caneta e assinava um papel que aprovava a retirada de um pedaço de mim, a minha filha, o ser que eu mais amava no mundo.

Morri!

Sucumbi e nunca vou esquecer a dor de ouvir alguém dizer que o nosso bebé era incompatível com a vida e ter de extinguir a chama de um ser que nos pertencia. O meu relatório foi enviado para que fosse aprovado por uma junta médica e fui empurrada para casa com ordem de me apresentar na maternidade no dia 9 de março de 2006.

Os dias foram tão rápidos na sua passagem... o tempo com a minha filha fundia-se, sacudido pela urgência de um compromisso. Apresentei-me na maternidade pontualmente, sabia que um fado estava escrito e não poderia mudar o seu curso. Mandaram-me vestir a camisa de dormir[10], como se estivesse no amparo do meu lar. Depois, a ameaça por ver a médica na soleira da porta; entrou, colocou-me dois comprimidos e o trabalho de parto não tardou a manifestar-se. Um suor ardente pingava pelo meu rosto, uma comichão desvairada nas mãos enlouquecia-me, os vómitos rebuliam no estômago e de uma só vez subiam até serem expelidos energeticamente. Começava a ser dominada pelas dores extraordinariamente fortes. A médica foi chamada e disse que o meu subconsciente estaria a lutar contra o que estava ali a fazer – eu estava ali para me tirarem a minha filha. Na balbúrdia física e emocional que se tornava aquele momento, pensava em como viveria sem ela, agora que a sabia dentro de mim.

Como?

Algumas horas depois, quando senti uma ligeira trégua do efeito dos comprimidos, com o abrandamento da sua fúria, uma nova dose forneceu um novo grau de intensidade às dores que vinha

---

10. Camisola.

a sentir: tornaram-se insuportáveis, só estava bem de joelhos, no chão; ajoelhei-me num ato de rendição, naquele chão pútrido, as lágrimas não paravam de rolar pela minha cara de dor, de medo, de angústia, mas principalmente de culpa. Porque é que tive de decidir ficar sem a minha filha, porquê?

Nessa altura as dores triplicaram, um anestesista aproximou-se para aplicar a epidural e supliquei-a, as dores engoliam-me.

Já na sala de partos, entregaram-me a mim mesma em cima de uma cama, lívida, sem vigor, para viver a noite mais longa da minha vida!

Naquela noite nasceram doze bebés, e a cada um deles dei baixinho as boas-vindas, sabendo que a minha nunca choraria. A noite passou e deu lugar ao dia, que raiava lá fora. Às oito da manhã, uma sensação cálida envolvia-me as pernas, que estavam geladas após infindáveis horas naquela posição. Algo começou a furar de dentro de mim, mas não saiu totalmente; algo estava ali, metade dentro, metade fora. Estava fatigada, havia dois dias que não dormia, e não reagia ao que me estava a acontecer. Uma enfermeira colocou uns panos verdes por cima de mim e mandou-me puxar; quando senti a minha filha cair, pensei: "Acabou!"

Perguntaram-me se eu a queria ver. Num choro coercivo, disse que não, não tinha coragem de olhar para a minha filha; eu, que tinha assinado aquele papel para a tirarem de dentro de mim, fui cobarde e ainda hoje me pergunto se teria sido melhor tê-la visto e me ter despedido dignamente da sua fugaz existência. Retive a opaca imagem do seu cabelinho preto, porque a enfermeira o disse.

Levaram o corpo da minha princesa dali para sempre no dia 10 de março, às 10h15, com vinte semanas, nos braços de quem não lhe devolveria a vida… a minha Victória.

O meu único alívio naquele momento era que já não tinha as dores que me prendiam. Mas também não tinha a minha filha. Tive de combater a insaciável subida do leite, que procurava pelo sugar fervoroso da minha bebé. Passei a não reagir a coisa nenhuma.

Cheguei à casa de onde tinha saído grávida depois de quatro dias, totalmente vazia de corpo e alma. Com o tempo soube que a trissomia da minha filha foi um acaso da natureza, nada no meu cariótipo indicava que voltaria a ter um bebé com problemas e tive luz verde para voltar a tentar engravidar. Voltei às consultas de infertilidade e, passados sete meses da partida da minha filha, engravidei espontaneamente. A soltar um grito vaticinador, na mesma maternidade, na mesma sala de parto, a 7 de Julho de 2007, nasceu a minha segunda Victória, linda e perfeita.

Hoje tenho duas filhas, uma no céu e outra na terra. Mas, nem que viva cem anos, jamais esquecerei tudo que sofri e a culpa que ainda carrego por ter segurado aquela densa caneta e tocado naquele sacrílego papel, permitindo que um objeto transferisse pela sua ponta uma sentença.

SUSANA PINA

[...] o colo do útero, completamente permeável à sua mão, deixava à mostra a minha filha quase a nascer.

Chamo-me Susana Pina, casei com singelos 20 anos, com um homem mais velho nove anos, e tencionava implicitamente logo ter um filho. O desejo de ser mãe jovem era algo que albergava em mim como um sonho com vontade própria. Só que a vida foi trilhando por atalhos que faziam o meu sonho ser longínquo, e ao fim de seis meses de muitas expectativas e emboscadas, o filho tão cobiçado ainda não tinha chegado.

Interroguei médicos sem tréguas e, durante os quatro anos seguintes, segundo as palavras dos especialistas, seria só uma questão de tomar comprimidos para ajudar a ovulação e treinar, treinar muito. Era com algum pudor que espionava a nossa sexualidade condicionada a dias e horas marcadas; era como se substituíssemos um motivo que assenta em furores naturais por razões artificiais, que nos remetiam para a distância de momentos tão íntimos, mas tão imputados por convenções. Apesar desse ritual químico e corporal não conseguíamos. Então recorremos a especialistas em infertilidade. Gastámos muito dinheiro com medicação, tratamentos, exames e viagens, sem nunca se chegar a saber porque é que o nosso filho não nos encontrava. Realizei treze tratamentos de fertilidade até ao dia em que o meu número mágico me inebriou com uma gravidez aos 36 anos. Após dezasseis anos de luta.

Como podia eu, ao fim de dezasseis anos, ter conseguido?

Mas estava lá escrito, sem margem para dúvidas, o meu positivo.

A primeira ecografia chegou pé ante pé e com ela a alegria de saber que estava a gerar duas vidas dentro de mim, nem acreditava. As felicitações reforçavam a minha satisfação e toda a excelência que percebia emanar de cada recanto do meu corpo; era sem vacilação a mulher mais feliz do mundo.

A gravidez corria na perfeição desse poder natural que reside em transportarmos outra alma para além da nossa; trabalhava, não tinha enjoos e todos os exames feitos (incluindo a amniocentese) revelaram que a Leonor e a Beatriz cresciam saudáveis e vivificantes, diagnóstico que se manteve às 21 semanas de gestação, quando fui fazer a ecografia morfológica do segundo trimestre. Já tinha comprado quase todo o enxoval, eram duas bebés e havia muita coisa para organizar. Tudo era cor-de-rosa, como nos contos do nosso imaginário, em que princesas transformam dragões em príncipes e tudo é possível. Hoje vejo como só nos contos de fada tudo é possível, até mesmo acordar alguém desse sono profundo chamado morte. Tinham decorrido dois dias da ecografia quando algumas envergonhadas dores me incomodaram; eram dores instáveis, mas que arquivavam um aviso, e fui às urgências do hospital onde era seguida. Disseram-me que era uma infecção urinária e prescreveram-me um antibiótico. Regressei a casa e comigo as dores, que reiteravam a sua presença. Voltei às urgências e voltaram a referir a infecção, mas como tinha perdas de sangue, embora poucas, internaram-me sem nenhuma medicação, só com a ordem de repouso. Ali fiquei... três dias cativa numa cama de hospital, sem me levantar para nada. Melhorei muito. As dores vaporizaram-se e as perdas reconheceram a derrota, após sua tentativa vã de me domar. Sentia-me bem. Deram-me alta e regressei a casa, feliz, com as minhas filhas. Mas essa felicidade só duraria algumas horas. Assim que saí do carro, senti-me toda embebida por uma humidade frígida e na mesma noite aquelas envergonhadas dores voltavam cientes de um propósito, e de madrugada as mesmas perdas de sangue furtivas, que eram a sua artilharia. Levantei-me, tomei banho e chamei o meu marido para corrermos de novo para as urgências. Aquele caminho tornava-se numa peregrinação que em breve teria o seu final. Já no hospital, mais uma vez diante do ecógrafo, os médicos diziam-me que estava tudo bem com as bebés, com as placentas e com o líquido, mas, em vez do anúncio do falso alarme que se adivinhava, uma bomba foi cuspida com toda a sua potestade contra o meu coração: o colo do útero, completamente permeável à sua mão, deixava à mostra a minha filha quase a nascer. Por momentos ainda pensei que Deus não me abandonaria e que eu ficaria ali, deitada, e tudo correria bem. Mas bastou uma hora dentro daquele quarto, naquele hospital já tão familiar, para que a minha filha Leonor rasgasse a pequena entrada que a protegia e nascesse. Os médicos ainda tentaram manter a Beatriz no meu ninho quentinho, mas não, a minha filha quis juntar-se à irmã e a acompanhou até ao fim. Tinham 22 semanas e cinco dias de gestação.

Perguntaram-me se as queria ver, ergui-me, nunca me esquecerei da imagem de duas meninas lindas, de cabelinho castanho, que por segundos dormiam o sono da eternidade, sem que nenhum príncipe dos contos de fada as pudesse ir acordar para mim. Fiquei descontrolada, os meus gritos ouviam-se por todo o hospital. Eram onze horas quando me lavaram e mudaram, sentia-me mutilada, vazia... Em duas horas perdi duas filhas que viveram até ao último minuto.

Abracei o meu marido num choro profundo; deixaram-nos sozinhos, em sofrimento... Não sei se estava melhor que ele, acho que não.

Nunca tinha visto o meu marido chorar.

Caiu a noite, o que acrescentou à minha companhia a solidão perpétua dos condenados. Dormi muito pouco, e, sempre que estava vigilante, abraçava as ecos das minhas filhas como se materializasse o que era etéreo.

Deram-me alta pela manhã, saí do hospital enfrentando a primeira prova de fogo: a sala de espera, onde pais felizes aguardavam as boas novas do nascimento dos seus frutos, tinha que a sulcar desse por onde desse. Tinha ali estado, no dia anterior, com a minha barriga a abarrotar de vida e agora saía vazia, por dentro e por fora, vazia de barriga e de coração.

Desde aquele dia silencioso que não dormia, nem de noite, nem de dia. Não conseguia estar às escuras e passava as noites com a luz acesa. O escuro, de forma sádica, mostrava-me as imagens daquele terror por que passei. Estávamos de rastos, sem forças até mesmo para fazer um prato de comida. Mas o meu marido foi e será sempre o meu suporte de vida, a ele agradeço eternamente tudo que fez por mim. Se hoje estou como estou, sem nunca ter caído lá no "fundo do poço", a ele devo isso.

Obrigada, meu AMOR.

Só tinham passado dois dias desde que as minhas meninas voaram ao céu e estava de novo confrontada com o pânico. Eram dez da noite, estava deitada no sofá do nosso refúgio, e senti em segundos os peitos a encaroçar, o leite abria o seu curso. Meu Deus, o que faria? Fui ao hospital da localidade onde me encontrava e disseram-me que deveria tirar o leite com uma bomba. Eram duas horas da manhã quando aspirava o pouco colostro que tinha para dar às minhas meninas.

No relatório que chegou após um mês do desmoronar do meu sonho podia ler-se: parto prematuro causado por descolamento grave de uma das placentas. A revolta, se já existia, aumentou, uma esganação mordaz de processar o hospital invadia-me incontrolavelmente... Hoje arrependo-me de não ter obedecido a essa vontade.

Tive direito a tudo: contrações, dilatação, dores, parto normal, subida do leite, licença de maternidade, só não tive direito a ter as minhas filhas nos braços. Sei que viveram até ao último minuto do processo, e que se a mãe tivesse optado por outros especialistas quem sabe estaria prestes a festejar o seu segundo aniversário... Sou MÃE, de dois anjinhos que consigo ver todos os dias, à noite, quando olho para as estrelas.

Passados dois anos, permanece o vazio físico e emocional. Até hoje ainda não consegui engravidar, mesmo depois de ter feito mais três tratamentos de fertilidade.

MARTA CARVALHO

*Todos os dias sinto a falta da minha menina. Sei que
a Maria está sempre comigo no meu coração... mas eu
queria-a no meu colo!*

Sou a Marta, tenho 29 anos, sou professora e mamã... de três anjos!

Desde muito cedo senti crescer dentro de mim a vontade de ser MÃE. Encontrei alguém que mereceu o meu amor por tudo que é e me faz ser, sendo a pessoa que eu quero para PAI dos meus filhos, o Miguel. Organizámos a nossa vida e comprámos uma casa, perto da cidade, com muita natureza à volta e com um relvado enorme para jogos e brincadeiras.

Em junho de 2007 tudo parecia indicar que rapidamente aquele espaço seria ocupado por gritos infantis e balbúrdias pueris, quando um teste de gravidez indicou o positivo. Mas o sol não brilhou para além daquele momento: logo depois uma hemorragia sem dores ou causa aparente colocava-nos frente a frente com um aborto espontâneo, que se viria a repetir mais tarde.

O desespero começou a reger a minha vida. Passei dias e dias a perguntar "Porquê?", mas não encontrava as explicações, por muito que as procurasse dentro e fora de mim.

Estávamos em outubro...

Quando já estávamos a pensar que algo de errado se passava connosco, apesar de o médico dizer que não, o meu período não apareceu e comecei a pensar que após o meu segundo aborto espontâneo algo tinha mesmo ficado prejudicado. Foi então que, três dias antes de regressar à consulta com o médico, decidi fazer um teste de gravidez. Pensava que era totalmente ridículo, mas... o teste deu POSITIVO!

Fomos vivendo a gravidez com bastante cuidado uma vez que já havíamos passado por dois desgostos; a nossa bebé foi crescendo e a sua vida fazia-nos muito felizes.

Às vinte semanas e com uma gravidez a correr às mil maravilhas, soubemos que o nosso bebé era uma menina... a Maria!

Desde o início da gravidez tornei-me numa mulher muito feliz e vaidosa! Estava feliz com tudo que me estava a acontecer, as sensações que ia sentindo, as mudanças do meu corpo, como a minha barriga ia crescendo... e a minha Maria também! Sentia-me vaidosa porque dentro de mim carregava um ser feito com muito amor e muito desejado. No momento que senti o primeiro movimento da Maria tudo se tornou real! Ela estava ali... já mexia! Desde muito cedo conversava com o meu bebé, mas a partir do momento que a senti esse diálogo tornou-se muito mais especial. Sentia os seus movimentos como uma resposta. Passava a mão pela minha barriga e sentia que ela gostava de receber os meus carinhos. Era tão traquina que, quando me deitava, minha barriga tornava-se um autêntico carrossel! Tínhamos uma relação muito especial com a nossa menina...

No dia em que a Maria fazia 23 semanas de gestação, tal como nos outros dias, dirigia-me para a escola para mais um dia de aulas. Um camião desgovernado deslocou-se violentamente na direção do meu carro, vindo a embater-se contra mim, num choque fatídico. Após mais de duas horas de desencarceramento, fui retirada de dentro do que restava do carro e fui levada para o hospital. Tinha feridas na cabeça, várias fraturas no braço esquerdo, costelas partidas, fraturas na bacia, no fémur, dificuldades respiratórias, entre outras complicações... A nossa Maria... não sobreviveu, tinha perdido a vida dentro de mim!

No hospital, internada na unidade de cuidados intensivos, as máquinas viviam por mim, lutavam por recuperar aquele corpo; fiquei sedada durante vários dias, a realidade escondia-se de mim.

Acordei confusa e distante da realidade... Não me lembrava e não me lembro do acidente. Nada me fazia sentido e, apesar

MATERNIDADE INTERROMPIDA

de me irem dizendo que havia sofrido um grave acidente, a única coisa que dizia é que tinha uma menina comigo... a minha Maria!

Pouco a pouco os dias tomavam a sua forma aos meus olhos e a realidade ganhava as cores das coisas, quando a verdade da morte da minha menina me foi transmitida entre palavras fugidias e disfarçadas. O mundo acabou ali e naquele momento, fechei os olhos e disse que queria dormir; ainda no meio da minha confusão, comecei a acreditar que a Maria não tinha perdido a vida dentro de mim, que tinham feito uma cesariana e a Maria estaria na incubadora, que ma mostrariam quando estivéssemos as duas bem. Mas o tempo passou, passaram-se semanas, meses... três meses naquele hospital... e a verdade por trás da minha mentira mostrou-se-me perceptível pela primeira vez.

Não pude chorar pela minha menina... não pude vê-la... não a vi nascer... não a ouvi chorar... Tiraram-ma enquanto dormia!

Depois de tudo isso, dizem-me: "O pior passou! Estás a recuperar bem! Hão-de ter muitos bebés! Tiveste uma segunda oportunidade, nem toda a gente a tem!"

Mas ninguém quis saber como eu estava. Apareceram uns psiquiatras que me prescreveram antidepressivos, calmantes, entre outros medicamentos. O pior não passou! Não recuperei nem vou recuperar! O importante era a minha menina! Ninguém é substituível ou esquecível!

Que segunda oportunidade tive?! O meu corpo estava ali? Quase intacto e a colar os ossos partidos?! Eu morri ao mesmo tempo que a minha menina! O que estava ali era um corpo que foi levado ao hospital, tal como um carro que, após um acidente, é levado ao mecânico para que remendem-lhe umas peças e continue a servir para fazer os outros felizes...

Caminho na rua... Vejo uma menina e começo a imaginar como seria a Maria... se seria loirita... se os olhos eram escuros e meigos como os do papá... Vejo uma mulher grávida e feliz e isso deixa-me triste. Faz-me recordar uma alegria que já senti e que me foi retirada! É muito doloroso sair à rua e ver bebés no colo dos seus pais, bebés nos seus carrinhos.

A vida perdeu todo o sentido. Era bom ir para a escola, ensinar meninos e meninas a ler e a escrever, dançar e cantar com eles, era bom passear, era bom rir... Eu agora não rio por mim... rio para os outros... Por dentro não tenho outro sentimento senão RAIVA, FÚRIA, REVOLTA...

Apesar de terem passado seis meses desde o acidente e a morte da minha Maria, continuo a ter ataques de choro compulsivo... Sinto uma tristeza enorme e só adormeço com a janela aberta para ver o céu e as estrelas... Acho que foi a forma que encontrei de lhe dar o meu beijo de boa-noite.

É triste pensar em tudo que me foram dizendo... Houve pessoas que, por se sentirem incapazes ou sentirem que se trata de um assunto demasiado delicado, preferiram não dizer nada... e entendo-as. Prefiro assim. Mais triste ainda é aperceber-me de que as palavras mais insensíveis que ouvi vieram de mulheres... todas elas mães! As pessoas que demonstraram mais sensibilidade em relação ao assunto foram homens. Revelaram mais compaixão, um sentimento de tristeza e uma sensação de que não havia nada que fizessem ou dissessem que fosse melhorar a situação. É horrível aperceber-me da insensibilidade das pessoas; acho que muitas não entendem... Devia haver algo que pudéssemos fazer ou mostrar a essas pessoas para que pudessem compreender que ser MÃE ou PAI é sentir AMOR por um ser que criámos e que quando este sofre ou morre nós também sofremos e morremos...

Os meus dois anjos e a Maria vivem no meu pensamento... dormem no meu sonho e... moram no meu coração!

HELENA FREITAS
Mandaram-me fazer força, mas eu não fiz, queria morrer com meu filho...

Com 21 anos fui mãe pela primeira vez, de uma menina. Queria ter mais filhos, mas fomos adiando esse projeto porque ainda não tínhamos estabilidade suficiente para recebê-lo.

Em janeiro de 2007 tudo conspirava a favor de uma nova gravidez e, naturalmente, ela aconteceu.

Ficámos radiantes, desejávamos aquela gravidez e a sua presença, a povoar o meu ventre, traria a simetria absoluta para a nossa família. Não imaginava que algo pudesse correr mal, tal era a ignorância ou o excesso de confiança, afinal tinha uma filha saudável, não havia motivo para pensar em desgraças...

Semeámos essa notícia por todos os sítios por onde circulávamos, toda a família e amigos foram alertados quanto a essa nova gestação e estupidamente sentia uma segurança que não me deixava ter medo.

No dia 5 de março fui ao hospital para fazer a ecografia que mede a translucência nucal (TN); fui segura, caminhava confiante em direção a uma frente de batalha, escondida por detrás de um éden, que me entretinha com as suas fantasias num minuto e no minuto seguinte abandonou-me ao caos. O meu bebé estava gravemente doente; faria uma amniocentese, mas sem nenhuma esperança...

Senti o meu coração abrir-se, rasgar-se, como podia estar a acontecer aquilo?!

Como poderia dizer à minha filha que o que ela mais queria, o sonho de ter um mano, acabaria sem sequer ter começado?!

O caminho de regresso a casa foi fatigante, rastejava como o fazem os vermes, não conseguia respirar, como acontece a um corpo finado, e a dor sufocava-me. As lágrimas não paravam de correr, a minha dor era tão grande e o desespero tão tirânico, e só pensava em como contar à minha filha. Restava-me pouco tempo para o fazer... e contei-lhe...

Meu Deus! As lágrimas da minha filha doeram ainda mais do que a minha própria dor...

Foi uma longa espera até às dezasseis semanas para fazer a amniocentese; assim que ouvi o seu pequenino coração não aguentei, chorei tanto, queria que tudo não passasse de um equívoco.

Queria o meu menino... mas as hipóteses de sobrevivência não existiam, teria de me despedir para sempre daquele ser que carregava.

Abotoei-o no meu ventre até às dezassete semanas e seis dias, quando, a 28 de março, o maior pesadelo da minha vida decidia o fim de uma história.

Fui introduzida num bloco de partos onde os gritos de mulheres ensurdeciam a mudez que impregnava aquele espaço, atingiam a minha cabeça como uma bala perdida na guerra, e o choro daqueles bebés desapegava as minhas lágrimas do mais fundo do meu ser. Era desumano, era injusto, eu devia esperar até setembro para ter o meu filho nos braços, o meu pequeno grande amor...

Padeci pelo Citotec e por um soro que deixou as minhas veias como carvão; a minha alma ardida numa fogueira de dor e lágrimas extinguia-se ao som de vagidos.

Estive internada de domingo a quarta-feira, dia em que o meu filho partiu definitivamente deixando um vazio astronómico.

Sofremos muito os três, mas decidimos que tentaríamos de novo, por nós e pelo nosso menino que tinha partido cedo demais.

E assim aconteceu, voltei a engravidar em junho e, pelas nossas contas, nasceria no dia dos anos da mana, que presente, que alegria!

Desta vez a ansiedade não me deixou ser uma grávida imaculada, apesar de a TN indicar que estava tudo bem e eu própria sentir-me bem. Pensava em como tinha sido egoísta da primeira vez ao ignorar os percalços que a vida esconde, e vivia angustiada cada minuto dos meus dias, talvez como um prenúncio de morte, que viria a anunciar-se dias mais tarde.

No dia 7 de outubro fui acordada, da pior maneira, de um lindo sonho de amor.

Na data marcada para a amniocentese, disseram-me que era um menino e que estava grávida de dezoito semanas, tal como eu pensava. Outro menino, cheio de saúde, ficamos radiantes, o nosso anjo tinha voltado sob a forma de um novo AMOR...

Quando saí do hospital uma ligeira moinha afagava-me a barriga, ainda acanhada, mas pensei que fosse por causa da picada, pensei que fosse normal.

No sábado a dor aumentava a sua incidência e abraçava-me as costas; comecei a sentir algumas contrações e recorri ao magnésio para as refrear. Então tentei descansar, mas elas vinham esfaimadas e tornaram-se insuportáveis.

As urgências do hospital ficavam a uma hora e meia de carro; o meu marido chorava como uma criança, sabíamos que algo estava muito mal, mas no fundo do meu coração eu queria acreditar que salvariam o meu bebé...

Quando lá cheguei, manaram as águas que protegiam o meu bebé e a minha alma sucumbiu à força que a natureza provava, mais uma vez, ter.

Gritei desenfreadamente, discuti com Deus, Ele não podia deixar que passássemos por tudo de novo seis meses depois...

Não podia!

Mandaram-me fazer força, mas eu não fiz, queria morrer com meu filho...

Que dor senti no meu coração. Não queria ver ninguém, não queria viver, não queria ver as pessoas que mais amo e dizer-lhes: "Acabou....Partiu..."

Foi difícil, muito difícil, ouvir a minha filha dizer-me...

Quase perdi todas as forças, as que restavam vinham desse ser tão pequeno mas tão grande, dessa criatura que me dá forças e cujo sorriso me fez reerguer a cabeça, e do meu marido, que tantas lágrimas partilhou comigo, e transformou a nossa dor em companheirismo diante de um amor diferente, um amor dorido mas forte, muito forte!

Mas a nossa vida é feita de momentos, uns muito dolorosos, outros em que lutamos para que sejam muito bons.

Realizar o sonho da maternidade é uma luta feita de muitas batalhas; perde-se o rumo no meio das lágrimas, perde-se a esperança na derrota e sentimo-nos sem forças para levantar a cabeça e lutar. Mas quando pensamos que já não vale a pena lutar, eis que nos surge a ajuda de anjos que nos levantam quando vacilamos e queremos desistir.

Com essa ajuda, começamos a alimentar esta sementinha que vai germinando no nosso coração, esta sementinha cujo nome é "desejo de ser mãe"!

Com o passar do tempo, a minha dor tornou-se esperança e começou a amenizar, porém nunca esquecerei o que aconteceu, até porque nós não queremos esquecer os filhos que tanto desejamos e amamos.

Eu tive muito medo, mas assim que ganhei coragem comecei a mentalizar que possuo um sonho.

Estávamos no mês de maio, o mês da mãe...

E o mês da mãe foi o meu mês.

Sem contas, sem gráficos, sem esperar... Hoje estou grávida de dezoito semanas.

Sei que não vai ser fácil a caminhada, aprendi a viver um dia de cada vez...

Mas eu vou conseguir!

Nunca deixem de acreditar, porque os milagres acontecem!

PAULA BRAGA

[...] aquele era o momento em que me separava do meu filho para sempre. Era um menino.

Era uma vez uma mulher que ansiava por ser mãe...

Talvez, ao começar a minha história dessa forma, pudesse amenizar tudo que vivi e sentir que o fim dessa narrativa poderia ser diferente. Mas não, o "Era uma vez" tem uma data e essa "mulher" um nome. Chamo-me Paula e, tal como milhares de mulheres pelo mundo, já resvalei pela dor de perder um filho.

Casei em junho de 2002 e em agosto de 2003 deixei de tomar a pílula, mais de um ano depois. Mas só em janeiro de 2004 faria o meu primeiro teste de gravidez, com resultado negativo.

Pela primeira vez sentíamos alguma desilusão relacionada a esse assunto da maternidade. A palavra "negativo" é insaciavelmente destrutiva no que concerne aos nossos mais profundos quereres. No entanto, a menstruação mantinha-se ausente do meu corpo e um nervosismo desconfortável insistia em dispersar a minha serenidade. Resolvemos tentar um novo teste, e desta vez uma linha rosada escreveu no livro da minha vida que era mãe, mãe de um bebé que carregava algures no meu interior, aconchegado num músculo que o deveria resguardar para mim, durante nove meses.

Fomos à ginecologista para confirmar esse segundo resultado e descobri que a verdade da maternidade era minha, possuía-a nas minhas mãos, guardava-a no meu ventre, exatamente há cinco semanas. Encetei um itinerário mágico pelas doze semanas de gestação, as nuvens eram o meu chão, uma ou outra vez alguma ansiedade zelava o meu repouso, tinha muito medo que alguma coisa acontecesse, porque me diziam que o risco de abortar até as doze semanas era grande. Quando finalmente fui fazer a ecografia das doze semanas e o médico me disse que estava tudo bem com o bebé, respirei de alívio, o perigo tinha sido ultrapassado, pensava eu.

Vi pela primeira vez o meu bebé e cada vez me apaixonava mais por aquele ser que crescia dentro de mim; pela primeira vez ouvi o ruído do seu coração que batia rabugento ao toque da sonda do ecógrafo.

Aquele som era o meu bebé, aquele som era a minha vida presa nele.

Esta história, cujo fim poderia ser o ruído de vida do meu filho, termina com a sua ausência, num profundo silêncio, sem nenhum pulsar.

No dia 6 de maio, com dezanove semanas de gravidez, durante a tarde, uma sensação invulgar apelava-me que lhe desse atenção; fui descansar na tentativa de a enxotar, mas pouco depois encaminhava-me à casa de banho. Ali estava sofisticadamente encoberto o meu maior pesadelo: ao limpar-me, sangue.

Fiquei em pânico, liguei ao meu marido e à médica, que me tentaram acalmar, mas acalmar-me como?

Não, não me conseguia acalmar, saí de casa em direção ao hospital, levava um tremor cá dentro que me manipulava o corpo, um medo ruim soprava-me pensamentos que não entendia, mas perder o meu bebé era a última coisa que me aconteceria.

Aquele som no microfone vociferava o meu nome, mas mal sabia que dentro de instantes se tornaria um chamado que jamais esqueceria.

Uma médica aguardava-me na sala, um ecógrafo instigador no seu interior e o diagnóstico homicida: "Não tem líquido amniótico". Fui internada segundos depois, estava em estado de choque, não conseguia raciocinar. Lembro-me de chorar agarrada ao meu marido, dos meus pais sentados numa sala de espera sorumbática, de uma enfermeira sua amiga que abanava afirmativamente com a cabeça quando questionada se era grave. Era um filme a que assistia… estava longe de perceber como tudo se dirigia a um desfecho mórbido.

Às seis horas da manhã, quando as estrelas apagavam o seu brilho, soube convictamente que outro resplendor ia fundir-se com elas: o meu bebé não poderia permanecer muito mais tempo comigo, o líquido tinha desaparecido e ele já desenvolvia uma infecção em estado avançado; além disso, a minha vida corria perigo.

Seguiram-se sete dias de desespero, quatro dos quais à espera da expulsão do meu filho.

Dividia um quarto com duas grávidas de risco, todos os dias ouvia o coração dos seus bebés a bater na cardiotocografia (CTG), aquele barulho que aturdia a quem alojava um óbito dentro de si.

Não havia maneira de o meu útero dilatar, os médicos tentavam de tudo, mas o meu filho não se separava de mim ou eu dele, não sei... O sofrimento físico começava a enfraquecer-me; era o cateter que tinha nas costas para a epidural e que não me deixava mexer, era um tubo que me estripava até ao útero para tentar distendê-lo, era o soro nas mãos, ligado à máquina, que já as tornava negras e doía ao entrar...

Comecei a ter contrações num domingo à noite, quando já não aguentava mais, as minhas forças cediam como pedaços de madeira que cedem ao lume que as consome. Finalmente, no dia 10 de maio, pelas oito da manhã, depois de oito horas sob o efeito da epidural, quando já todos pensavam que teriam de fazer uma cesariana, o meu bebé escorregou do seu berço, senti sair um bocadinho bem grande de mim; era uma dor sufocante no peito, uma dor como eu nunca senti em toda a minha vida, aquele era o momento em que me separava do meu filho para sempre. Era um menino. Seria Diogo ou Rodrigo o meu filho, que eu nunca cheguei a conhecer – não, não quis vê-lo, preferi não o fazer.

Liguei ao meu marido, mas não conseguia falar, o choro calava-me as palavras. Nós tínhamos perdido o nosso menino, o sofrimento dele cortava-me ainda mais o peito, a tentativa de contenção e de não me mostrar o seu sofrimento deixava-me ainda mais triste, mais revoltada. Porque é que nos estava a acontecer isso, porquê a nós? Estava a sofrer tanto...

Seguiram-se mais três dias no hospital, e, depois de uma ecografia de vigilância, disseram-me que não estava tudo bem, que ainda teria de ser submetida a uma curetagem; nessa altura, e recordo-me como se fosse hoje, levantei-me da marquesa, olhei para o médico e comecei a chorar ferozmente, gritei que me ia embora, não aguentava mais, e fugi, só parei no meu quarto, deitada em cima da cama completamente descontrolada, eu só queria ir embora daquele sítio. As minhas forças tinham-se esgotado naquele momento. Fiz uma raspagem e ao fim de sete dias saí da maternidade sem nada, completamente oca, sem o meu menino.

Entrei em casa com uma revolta encontrada pelos corredores de uma história que não devia ser a minha, estava completamente perdida no local que antigamente era o meu lar, não sabia o que fazer da minha vida, agora sem sentido; lembro-me de estar deitada no sofá e chorar por um passado que me foi roubado.

Mais tarde soube a causa da partida do meu bebé: o meu filho tinha uma malformação nos rins, que podia ser hereditária. Seguiram-se segundos, horas, dias, meses muito complicados; o pior ainda não tinha passado, como eu me tentava convencer.

Passava os dias não a viver, mas a sobreviver, porque deixei de viver, de sorrir, passei a deambular, o meu estado normal era deprimida. Comecei a desenvolver ataques de ansiedade e de pânico, que depressa se tornaram numa espécie de fobia social: não conseguia sair de casa, não conseguia conduzir – e também não conseguia usar transportes públicos –, tinha medo de tudo e, acho que posso dizer, de todos, medo das perguntas, das cobranças e sobretudo das tentativas de me animar, com expressões como "deixa lá", "foi melhor assim", "ainda és nova", "ainda vais ter muitos filhos".

A cada dia podia perceber que o meu filho apenas tinha existido só para nós, para mim e para o meu marido. Não queria ver ninguém, afastei-me de quase todos os meus amigos, e sempre que podia evitava as reuniões familiares. Passei a viver no meu mundo, que era a minha casa. Mesmo profissionalmente parei; aliás, parei no tempo.

Isso continuou até que encontrei a Artémis e resolvi pedir ajuda; estava no fundo do poço e tinha plena consciência de que não conseguiria levantar-me sozinha.

E lentamente, com muita ajuda, fui melhorando. A primeira vez que consegui sorrir foi uma grande conquista... Sorrir, uma coisa que parece tão fácil!

A partir daí resolvi lutar, afinal não podia deixar que a curta passagem do meu filho pela minha vida fosse em vão, tinha de reagir por mim, pelo pai e principalmente por ele. Meu filho tinha uma missão, que de certeza fora cumprida, e nunca devemos desistir dos nossos sonhos.

Depois de muitos contratempos, deram-me carta-branca para engravidar novamente, algo que parecia já estar a tornar-se uma obsessão. Engravidei no segundo mês de tentativas; chorei, chorei muito, de alegria mas também de um medo paralisante, não sabia muito bem como reagir, queria muito que aquele bebé sentisse que a mãe estava feliz, mas tinha tanto medo de amá-lo e depois perdê-lo...

Agarrei-me àquele ser, amei-o tanto... No dia 1º de dezembro de 2005, estava oficialmente grávida de uma menina, que nasceria a 28 de julho de 2006. A minha Benedita, que como o próprio nome indica é aquela que foi abençoada e muito bem-vinda.

Nada na vida acontece por acaso; o meu filho deixou-me uma prenda muito grande: deu-me a oportunidade de conhecer pessoas maravilhosas, verdadeiras mulheres de armas, deu-me a oportunidade de ajudar os outros, deixar de pensar só em mim, e passar a dar muito mais de mim. Deu-me outra maneira de encarar e valorizar a maternidade.

Para mim, para nós mulheres que já perdemos um filho, a maternidade é uma verdadeira dádiva.

Faço questão de dizer à Benedita, quando ela for maior, que tem um irmão lá em cima, nas nuvens, a olhar por ela; lá em cima juntamente com muitos meninos, como a Mónica, a Marisa, o Tomás, a Yara, o Miguel, a Mariana, a Laura, a Leonor, o Daniel, o Tiago e muitos outros...

Os milagres acontecem, apenas precisamos acreditar com muita força.

LILIANA PEREIRA

O meu bebé estava vivo, podia durar uns minutos...
umas horas... mas tiveram de dar-lhe uma injeção no
cordão para parar o seu coraçãozito.

Engravidei em maio de 2007; tive uma gravidez normal, fiz todos os exames e análises necessários durante a gestação e mesmo antes dela. Fiz uma ecografia às onze semanas que mostrava estar tudo bem. Nunca me passou pela cabeça que alguma coisa pudesse correr mal; a minha mais ansiosa faceta revelou-se às 22 semanas, quando poderia descobrir o sexo da minha estrelinha! Após o habitual tempo de espera, fui chamada. Entrei... deitei-me... e a médica iniciou o registo da ecografia, junto com imensas perguntas: quando tinha feito a ecografia anterior, se já tinha filhos e um blá-blá-blá frenético. Não achava aquele procedimento estranho, até que alguma coisa me chamou a atenção – eram muitas perguntas e inevitavelmente fiquei preocupada. "Está tudo bem, doutora?", perguntei eu, quebrando o ritmo daquele questionário desleal. Abanou a cabeça a dizer que não e, sem conseguir controlar as lágrimas, desatei a chorar. Entre a cascata dos soluços que ia permitindo soltarem-se, ouvia a distância a sua voz, a explicar um problema na coluna, que podia não ser nada, mas precisava de novo diagnóstico. O que poderia ser? Paralisia? Espinha bífida? Como me entreguei a essas dúvidas, como deixei que elas me encharcassem de sofrimento! Nos minutos seguintes apenas pensava que não deveria ser fácil criar um filho com esses problemas, mas... era o meu filho e eu não o queria perder, viesse como viesse, eu queria o meu filho!

Como um sonâmbulo que acorda num local distinto do que reconheceu antes do sono, levantei-me e perguntei, quase alienada:

"Sabe dizer-me o sexo, doutora?"

Carregava um menino.

Deixei aquele lugar lavada em lágrimas e corri, corri para casa com a cassete que sigilava a vida do meu filho. Entreguei-me às imagens daquele vídeo, como se ao olhar pudesse rasurar qualquer erro, qualquer equívoco; não se via exatamente o bebé, mas os seus órgãos e a coluna...

Com o relatório na mão, entreguei-o trémula ao médico. Abriu--o... olhou-o... e jamais esquecerei o que ouvi a seguir: "O que diz aqui... se isso se confirmar... significa que o seu bebé é incompatível com a vida... Não tem rins, e sem rins não há vida..."

Como é que um filho, o meu filho, podia não ser compatível com a vida?! Essas foram as palavras mais duras, frias e cruéis que já ouvi até hoje! Por vezes as palavras são lanças, que se cravam no peito e ferem mortalmente. Não matam o corpo físico, não possuem esse poder, mas diluem toda a força anímica que o rege e sentimos que ao menor tremelejar seremos pó.

No corpo do meu filho não havia rins, e ele contava com uma coluna muito malformada. O meu bebé, o filho que nós tanto queríamos, ia deixar-nos! Passámos às burocracias, a maldita autorização! Era necessária uma aprovação da interrupção médica da gravidez (IMG) antes do internamento, que aconteceu uma semana depois... Foram os dias mais longos da minha vida!

É horrível carregarmos um filho no ventre que já sabemos perdido, prolongando-nos a dor, dando-nos esperanças... Sim, porque pensamos sempre: "Pode ser que haja esperança para o meu filho!" Fui internada no dia 10 de agosto, simplesmente horrível... O meu bebé estava vivo, podia durar uns minutos... umas horas... mas tiveram de dar-lhe uma injeção no cordão para parar o seu coraçãozito. Não precisei de fazer curetagem, nem de levar pontos... Mas o pior precisei de fazer: precisei de perder o meu filho!

Não vi o meu menino, não tive forças para pedir para o ver... Provavelmente também não mo mostrariam devido às malformações físicas. Porquê? Andei revoltada com tudo e com todos. Chorei dias e dias... às vezes sozinha para não fazer sofrer o meu marido, outras vezes chorávamos os dois. Fui perseguida durante semanas pelo mesmo sonho: sonhava que não davam a injeção letal no cordão e que eu ficava ali, a brincar com o meu menino...

Filho, a mamã não te pegou ao colo... não sentiu o teu cheiro... nem te pôde abraçar... mas ama-te muito e pensa em ti todos os dias... Tento imaginar como serias, como seriam o teu rosto, os teus olhos, o teu cabelo, a tua boquinha...

Onde quer que estejas, meu amor, a mamã quer te dizer que, mesmo não te tendo abraçado, te ama muito.

III

NASCER PARA A ETERNIDADE

CARLA MARTINS

[...] fazê-la nascer era separar-me para sempre da minha filha. Como é que se pode pedir a uma mãe que solte a sua cria?

Vinte e sete de agosto de 2007. Faz hoje seis meses que a Laura nos deixou. Deixou fisicamente, porque ela permanece bem viva na memória das pessoas que comigo partilharam essa gravidez.

"Vocês deram-me nove meses maravilhosos", repetia o pai entre choro e soluços, quando se ajoelhou aos nossos pés, enquanto permanecíamos sentadas na marquesa que nos tinha ditado a sentença. A médica e as enfermeiras choravam connosco. Tínhamos perdido uma filha. Uma filha perfeita, tão amada e desejada, que não tinha lugar neste mundo. Toda ela era amor. O pai disse isto passadas umas semanas: "A nossa filha só conheceu o amor". Palavras sábias! A Laura foi a alegria dos pais, do irmão, dos avós, dos tios e dos amigos durante 38 semanas. Com ela aprendemos muita coisa. Eu mais do que o pai. Mãe de primeira viagem... Ele já conhecia o gosto da paternidade. Mas era diferente. É sempre diferente, não é? Os filhos são únicos, cada um deles. Mas ela era a nossa princesa, a nossa menina.

A nossa gravidez foi o que se chama uma gravidez "normal", sem percalços de maior. Tivemos direito a tudo: aulas de preparação para o parto, workshops sobre os mais variados temas relacionados à puericultura, ecos em 3-D e 4-D. Todos os dias consultávamos enciclopédias da especialidade para acompanhar a evolução que a nossa bebé tinha na proteção do ventre materno. Proteção?! Enganamo-nos bem com essa história de que os bebés estão protegidos na barriga da mãe. Essa mesma barriga pode ser a barreira impeditiva de se salvar uma vida em casos de emergência. Ironia da criação...

Comprámos os CDs musicais aconselhados para o desenvolvimento do cérebro – gostava que ela tivesse o mesmo gosto pela música que a mãe. O pai lia-lhe à noite, antes de dormir, repetidamente o mesmo conto, cuidadosamente escolhido. *Eu e o meu papá*, assim se chama o livro que hoje mora na Caixa da Laura. Tínhamos grandes planos para o futuro, dela e nosso. A nossa família.

Às 37 semanas e uns dias fomos à maternidade dar início ao processo que culminaria no nascimento. Registo: tudo bem, apesar da demora, porque a miúda não parava quieta. Ecografias: tudo bem, o líquido estava normal, a bebé também. Apenas se detectou que o cordão estava à frente da cabeça, o que, caso não houvesse alteração da posição, levaria a uma cesariana, pois a médica não se arriscaria num parto normal para evitar que houvesse um prolapso do cordão. Tudo controlado ao mínimo pormenor. Voltaríamos no domingo, dia de serviço da doutora, já com 38 semanas, para fazer uma avaliação dessa última situação. Caso não tivesse havido evolução, ficaria para a cesariana. Finalmente conheceríamos a nossa filha!

No domingo de manhã levantámo-nos como se nada se passasse. O pai foi correr, a avó foi comigo às compras (procurávamos armários com banheira) e o plano era ela deixar-me na maternidade ao final da manhã, como combinado com a médica, sendo que o pai iria até lá ter connosco no fim do *jogging*. Cheguei à maternidade e, passado pouco tempo, fui levada para a sala de observações. "Hum, isso ainda está muito fechado", dizia a médica. Dirigi-me à sala de registos e, após várias tentativas de apanhar o "foco cardíaco", a enfermeira perguntou como tinha sido da última vez. Eu lhe disse que na terça-feira a Laura estava sempre a mexer-se e que tinha sido difícil apanhar a sua pulsação, mas que tinham conseguido. Mudaram de aparelho, mas o silêncio por detrás de cada tentativa era aniquilador. Percebi de imediato a tragédia que nos aguardava. Por momentos apareceram batimentos no registo, mas foi-me explicado mais tarde que eram os meus; a minha pulsa-

MATERNIDADE INTERROMPIDA

ção era de 125 batimentos por minuto, daí eu ter tido a esperança que fossem da minha filha. Chamaram de imediato a médica, que apareceu esbaforida na sala de ecografias, onde eu já me encontrava deitada. Também ela procurou incansavelmente a pulsação, mas só encontrou o seu pequeno coração inerte, sem vida. Senti o chão fugir-me dos pés, eu não queria perceber o que aquilo significava. "Podemos viver sem batimentos cardíacos, certo?", tentava eu convencer a minha parte incrédula, enquanto a outra me dizia: "Acabou o sonho". Não sabia como reagir, o que sentir ou fazer. Entrei numa espécie de transe, do qual só acordei após o parto. Outra médica entrou na sala para confirmar o óbvio. Tentaram encontrar na ecografia sinais que nos dessem alguma resposta para o sucedido. Apenas tinha pouco líquido. Teria havido ruptura de membranas sem eu ter dado conta? Eu, que era a rainha dos cuidados? Estavam-me a dizer que eu podia ser a responsável direta pela morte da minha bebé? Liguei para o meu marido, mas ele não me atendeu. Liguei para a minha mãe e apenas tartamudeei: "Mamã, a bebé está morta".

Lembro-me de nós quatro, eu, o meu marido, a minha mãe e tia, juntos, agarrados, como se o nosso amor pudesse devolver a vida à nossa Laura. "Foram nove meses maravilhosos, fizemos tudo que podíamos por ela, mas agora temos de tratar de ti. Por ela não podemos fazer mais nada", falava-me baixinho o meu marido. Ele estava inconsolável, eu sentia-o. E eu por ele. Naquela altura, não conseguia concentrar-me na minha perda. A minha tristeza era o reflexo da tristeza que pairava na sala, partilhada por todos os que lá estavam (que se tornaram muitos, com o decorrer do tempo). Prepararam-me e mandaram-me para a enfermaria. Fariam a indução do parto. "Cesariana!", suplicava com o meu olhar. "Carla, é melhor parto normal. Com a cesariana pode haver ruptura do útero, há os riscos próprios da cirurgia e, além disso, ela impede uma gravidez a curto prazo". "Gravidez? Que gravidez? Eu não quero mais filhos", dizia eu para mim mesma. Mas acedi ao parto normal.

Deram início ao meu calvário por volta das duas da tarde. A meio da tarde tinha um centímetro de dilatação, mas o colo muito pouco apagado. Depois, a médica, ao observar-me, rebentou o saco e percebeu não ter havido ruptura. O pouco líquido era um fenómeno *post-mortem*. Não era ali que residia a explicação para a morte fetal. Ao início da noite a dilatação continuava lenta, tudo era feito muito devagar para não provocar nenhum dano no útero, segundo o que me explicavam as enfermeiras. As pessoas falavam comigo mas eu não as ouvia.

Eu continuava a senti-la mexer dentro de mim!

Às onze da noite, estalava de dor e acabei por levar a epidural. Foi uma longa noite de espera e sofrimento. Às 8h15, uma força incontrolável sacudia-se no meu interior; sabia que o momento estava próximo, mas fazê-la nascer era separar-me para sempre da minha filha. Como é que se pode pedir a uma mãe que solte a sua cria?

Em meio à resistência à força que se fervorava no meu ventre, peço para não me fazerem episiotomia. A tensão na sala é tal que toda a gente ri com o meu pedido, naquele cenário dantesco.

Fazia força ao mesmo tempo que, na minha cabeça, ouvia: "Não vais poder ficar com ela aqui dentro para sempre, despede-te".

Eram 9h15 quando a Laura nasceu. Foi a minha última prova de amor, dar-lhe um parto digno. Depois de arranjada, o pai foi vê-la, o avô também; eu não consegui. Mesmo na morte ela emocionou. Era linda!

As enfermeiras nem sabiam se haviam de dizer "Ainda por cima uma bebé tão bonita" ou "Apesar de tudo…" O pai deu-lhe muitos beijinhos. Todos os bebés precisam de mimos. Também teve colo, vários.

E foi assim que eu fiquei com um anjinho a olhar por nós, não que isso me sirva de grande consolo, porque nada consola a perda de um filho, mas tranquiliza-me saber que ela está lá em cima a sorrir para mim. Resta-nos a esperança de que a próxima gravidez tenha um final feliz. Não é fácil manter a coragem e a confiança num desfecho diferente, mas temos de fazer tudo para conseguir isso. Não nos resta muito mais. Temos de ser humildes para tentar perceber porque é que essas coisas acontecem, mesmo sabendo que poderemos não alcançar nenhuma resposta, pois na nossa vida muito pouco escrevemos do seu livro, apenas damos umas pinceladas, resumimo-nos a escrever umas notas de rodapé. Com essa vivência passei a odiar Sartre. Vivi muito tempo a acreditar na ilusão de que somos nós que fazemos o nosso destino. Descobri que não é assim da forma mais cruel.

Temos muitas perguntas e nenhuma resposta sobre o que aconteceu com a Laura. A autópsia e a análise da placenta nada revelaram. Morte súbita, perguntámos? Não, isso não existe para os fetos. Essa resposta imediata, quando nada se tem para responder, é uma moda que os médicos recentemente adquiriram, por não terem coragem de assumir que não sabem tudo e que o mistério do início da vida ainda é, em muitos casos, isso mesmo, um mistério.

A nós, pais e família, resta-nos a memória de todas as coisas boas que ela nos deixou. A ti, Laura, meu botão de amor, um beijo da tua mãe que te ama muito.

VIRGÍNIA SACO
Senti aquele corpo morto a cair na bacia de inox. Ouvi o barulho dos ossos a baterem no fundo da bacia [...].

Serás sempre Santiago.

Casamento marcado para dia 20 de julho de 2008. Eventual gravidez a caminho. Meu Deus! Não podia ser melhor, uma felicidade a duplicar-se.

Assim que a gravidez foi confirmada, corri para junto do meu amor e disse-lhe o que tinha ido fazer de manhã; limitou-se a olhar para mim com aqueles olhos grandes e amendoados e abraçou-me. Senti que estava comovido.

Partilhei a boa nova com todas as pessoas de que gosto.

A primeira consulta realizou-se às quatro semanas de gestação. Com enorme comoção assisti à primeira ecografia; foi incrível ver aquele ser tão pequenino, mas vivo. O seu coração batia tão depressa, como quem quer ter a certeza de que o compasso era o assertivo. As lágrimas de felicidade saíam-me sem parar. Amei aquele momento, ser mãe outra vez, nem acreditava.

Os dias foram passando, sempre com a mesma euforia. Reacenderam-se os sonhos, os projetos.

Pensámos logo num nome; o Bruno, meu filho, queria João Miguel, mas eu queria um nome diferente, um nome que o identificasse hoje e sempre, para lá da vida. Lembrei-me de Santiago e disse-o em voz alta. Soava-me bem, para mim significava algo, mas não sabia bem o quê. E ainda hoje o não sei.

No primeiro rastreio, com quinze semanas, o resultado não foi favorável (1 para 496); um choro arrebatou-me o bem-estar e um único pavor insistia em atormentar-me, fazendo-me pensar que fosse perdê-lo. Realizei o segundo rastreio em tormento, mas o resultado (1 para 20.000) reacendeu a minha calma. Os dias foram passando, a barriga crescia e fazia questão de a exibir como se fosse um troféu. Deus tinha-me concedido o privilégio de ser mãe outra vez.

Dia 1º de julho, o dia fatídico.

De manhã fui fazer a segunda prova do vestido de noiva. Tinha 22 semanas e engordara sete quilos. Estava uma noiva linda. Nunca me senti tão bonita como nesses poucos meses de gravidez. Os preparativos continuavam à margem de toda a trama que o destino enredava à minha vida: casamento civil ao ar livre como eu sempre sonhara, convidados desejados, carro dos meus sonhos, noivo como não há e ainda grávida; era uma mulher amada por três homens. Mas por vezes, quando nos sentimos lá em cima, de repente, vimos parar cá embaixo, achamos que nada é escolhido por nós, que alguma força nos anima ou nos destrói, como num jogo de ludíbrio.

De tarde fui à minha consulta das 22 semanas. O médico começou pela ecografia morfológica, fazendo a típica busca aos órgãos internos, como a vesícula, o coração, o estômago, e seguindo para a parte da cabeça. Mostrou-me o rosto, o nariz e a boca. Foi tão inesquecível ver o rosto do meu bebé. De repente, o silêncio, a demora, as voltas, o ver e rever o cérebro; ele tirava medidas e mais medidas, sentia que algo não estava bem. Mas, ao fim de vinte minutos de um perturbador diálogo mudo, as palavras *"Aqui há alguma coisa que não está bem"* detonaram como uma bomba. Lia nos olhos do médico a catástrofe.

Fiz o caminho todo a chorar, passei a noite toda a chorar e a desejar que tudo passasse o mais rápido possível. No dia seguinte, entrei no hospital e levaram-me para a sala de espera; éramos tantas grávidas… Mais tarde fiquei a saber que os bebés de todas aquelas mães tinham eventuais problemas de malformação, uns mais graves que os outros.

Fui para a sala das ecografias acompanhada pelo meu noivo; foi a última vez, todo o processo de interrupção iria vivê-lo sozinha. Na sala estavam três médicos, pareciam juízes de um julgamento final, falavam entre eles, sussurravam, mas pressentia que algo não estava bem. Como ele já estava de cabeça para baixo, não conseguiram ver muito bem o cérebro e por isso viraram o Santiago.

Chamaram-nos para lerem o relatório da ecografia: "Ausência de corpo caloso", disseram com um ar gélido, como se já estivessem habituados a dar notícias destas aos pais.

O meu mundo começou a desmoronar como um castelo de cartas, só queria fugir dali e levar o meu bebé. Por dentro uma voz gritava: "Eles querem levar o meu menino, eles não me querem ver feliz. Aquilo não estava correto, eles estavam enganados".

Era necessário que o bebé fosse submetido a uma ressonância magnética; as imagens confirmariam a percentagem de corpo caloso. As crianças que têm alguma falta apresentam 20% de probabilidade de ter uma vida normal, mas só 20%. Podem ter um atraso no desenvolvimento físico ou cognitivo. Podem ter mesmo um atraso mental.

Não conseguia ouvir mais nada, não desejava ouvir mais nada, eles queriam mesmo tirar-me o meu pequenino que amava tanto. Como é que a nossa vida pode mudar tanto em tão poucos minutos? Aquelas palavras tão gélidas bateram-me como estalactites vindas do céu. As pernas paralisaram-se, o corpo tenso e sem reação não me deixava ter forças para me levantar dali e fugir com o meu bebé. Eles queriam mo tirar, eles estavam todos enganados, eles queriam o meu bebé.

Chorei tanto, mas tanto! Só pedia a Deus que aqueles dias passassem rápido.

Quinta de manhã iniciei os malditos exames. Para fazer a ressonância tive de ficar em jejum; deram-me um sedativo, por meio do soro, para que o bebé não se mexesse. A amniocentese não foi dolorosa, a única coisa que me roeu a alma foi ver o Santiago pela última vez através do monitor. Dediquei-lhe as últimas palavras em vida: "É a última vez que te vejo. Adeus, meu amor, foste um pedaço de mim e continuarás a fazer parte do meu ser. Nem que viva mil anos, vou sempre lembrar-me de que um dia te vi crescer e te senti mexer dentro de mim".

As lágrimas selavam essa minha dor.

Tinha mesmo de assinar o termo de interrupção voluntária da gravidez. Assinei aquela folha sem olhar para ela. Sempre de olhos para baixo, com a caneta na mão e muitas lágrimas e soluços. Estava a assinar a sentença de morte do meu Santiago. Não há coisa mais dolorosa que sermos forçados a fazer o que não queremos.

Eu não queria, não queria. Mas não podia ser egoísta, era o melhor a fazer para ambos. Deus deu-me a dádiva de sentir a maternidade, mas também tinha o dom de a tirar. O percurso daquela criança ao meu lado chegara ao fim.

Faltavam duas semanas para o casamento…

Comecei a desejar que ele não se mexesse, rejeitara-o por completo, como se ele fosse um estorvo, uma pedra dentro da minha barriga. Não o queria mais. À noite, quando me deitava, já não havia aquele beijo de boa-noite, nem dizia: "Até amanhã, Santiago. Dorme bem".

Pior foi dizer ao Bruno que o mano estava doente. Fui eu quem lho contei. Ganhei coragem e, à noite, na cama dele, antes de ir dormir, disse-lhe: "Bruno, o mano está muito doente, vou ter de ir para o hospital e deixá-lo lá".

Senti que ele estava confuso, por isso sentei-me ao pé dele e, diante da sua tão infantil preocupação, calmamente orientei-o: "Bruno, vais colocar o teu corpo e a tua cabeça de maneira que fiques inclinado para a frente, sem te mexeres. Os teus braços ficam mortos e os teus olhos não se mexem; tu não falas, não ouves, não sentes. Quando eu te disser para vires brincar, tu não me ouves, não te mexes, não podes vir brincar. É assim que o Santiago vai ficar depois de nascer".

Finalmente compreendeu e nunca mais falou no assunto. Há pouco tempo disse que tinha saudade do mano, e eu respondi-lhe que também tinha muita saudade dele.

Passei esses três dias numa luta interior muito grande, a preparar-me, a mentalizar-me para o que aconteceria. No domingo, o Santiago mexeu-se; lembro-me de lhe pedir: "Para! Não te mexas mais", e agarrei a barriga com muita força, pedi-lhe perdão por naqueles dias não o ter desejado, afirmei que continuava a amá-lo cada vez mais, não queria que ele sofresse.

Eu sei que ele me perdoou. Naquela noite disse-lhe boa-noite. Foi a última vez que o fiz.

Neste momento, não consigo parar de chorar, já se passaram quase dois meses e sinto muito a falta dele. E escrever estas últimas linhas foi penoso demais, reviver isso tudo outra vez, cada minuto de sofrimento...

Terça, 8 de julho de 2008, fui para o hospital. Quando chamaram o meu nome, entrei numa primeira sala e senti a mão de alguém em cima do meu ombro. Vesti uma bata e abracei-me à auxiliar como quem se agarrava a uma tábua no meio do oceano desértico. Entrei na mesma sala onde tinha feito a amniocentese. Deitei-me de barriga para cima; o Santiago mexia-se vivamente. A televisão estava desligada. Ainda senti o Santiago dar-me o seu último pontapé. O médico espetou-me uma agulha com dezoito centímetros, até ao cordão umbilical, para injetar o líquido que adormeceria o Santiago para sempre. Esperaram dois minutos para saber se a medicação estava a fazer efeito. Foi um silêncio profundo. Senti a morte, o Santiago nunca mais se mexeu. O ato já estava consumado, ele estava a dormir para sempre dentro mim. Foi o último adeus. A minha barriga transformara-se numa pedra.

Introduziram-me quatro vezes comprimidos. A dor que sentia era suportável. À noite, a enfermeira disse-me que se eu andasse as contrações surgiriam e começaria a dilatação. No corredor, uma mamã, com o seu rebento, caminhava feliz, completamente desprendida do fim da vida logo ali, tão perto de si. Era meia-noite quando disse ao Gonçalo para que fosse embora. Ele já não fazia nada ali e eu sentia que era para breve. Quis poupá-lo do sofrimento. Eu queria que ele estivesse presente ao parto de outra maneira, não daquela, a testemunhar o nascimento do seu filho morto.

Eram duas horas da manhã e as dores passaram a fazer o seu trabalho contínuo; rebentaram-me o saco das águas e, meia hora depois, o Santiago queria sair.

Senti aquele corpo morto a cair na bacia de inox. Ouvi o barulho dos ossos a baterem no fundo da bacia, e continuavam a tirar a porcaria de dentro de mim para cima dele, como se não valesse nada.

Quando o Santiago saiu, senti um alívio tão grande, estava muito cansada. Apetecia-me dormir. Não tive coragem de pôr a minha mão em cima da barriga.

Ao amanhecer, olhei para a barriga, para ver se tudo não tinha passado de um pesadelo. Mas não, era mesmo real. Ainda estava anestesiada. O meu útero enorme estava agora vazio. Enfrentar todas as pessoas e contar-lhes o sucedido não era bom para mim. Pedimos a pessoas para passarem a palavra a outras pessoas, para me pouparem de perguntas.

No dia 20 de julho de 2008 aconteceu o nosso casamento, foi um dia muito feliz. Alguns dos convidados perguntavam-se entre si onde tinha ido buscar tanta energia e tanta força para aquele dia, um dia muito alegre. Dancei, pulei, cantei, enfim, estava feliz, mas por dentro era um vazio tão grande, mas tão grande...

Santiago, nunca te esquecerei. Digo a todos que tenho dois filhos: o Bruno, de 7 anos, e o Santiago, que nasceu no dia 10 de julho.

Toma conta do papá, da mamã e do mano, onde estiveres.

Hoje, enquanto escrevo o meu testemunho, penso que as coisas não acontecem por acaso. Temos de tirar partido dos maus momentos da nossa vida, é com eles que aprendemos a lutar e a valorizar certas coisas. Aprendemos a saborear a vida, como saboreamos algo de que gostamos muito.

Estou de braços dados com todas as mães que experimentaram uma perda gestacional.

CARMEN

*E... quando ela nasceu não consegui vê-la, enclaustrei
os olhos na escuridão para lá das pálpebras e impedi que
a carinha da minha filha se fossilizasse na memória;
tinha 37 semanas o meu bebé...*

Sou a Carmen, tenho 23 anos e vivo no Alentejo.

Quero ser breve no meu testemunho, quero utilizar-me da brevidade que as minhas filhas tiveram junto a mim, preciso dessa brevidade para dar sentido a uma história que teve o seu prelúdio breve demais.

Casei há dois anos com o homem que escolhi para me fazer feliz e realizar um dos meus maiores sonhos – a maternidade. Engravidei de forma serena em janeiro de 2007; quando o descobri, contava já com nove semanas de gestação. Corria tudo dentro da normalidade até que, às 37 semanas, uma sensação estranha alojou-se entre mim e todas as coisas que me envolviam.

Já tinha tudo pronto para a chegada da minha Madalena... Meu Deus, como dói pronunciar o seu nome! Pintámos o quartinho dela de rosa, estava lindo, fora feito com tanto amor... Mas veria a sua função sendo abreviada no futuro, que era um presente prestes a eclodir.

Na consulta de rotina, queixei-me de não sentir a bebé mexer como antes, mas confiei no médico quando me disse que estava tudo bem. Mas não estava...

Após essa consulta, três dias bastaram para que a perfeição de um nascimento que se avizinhava se transformasse no parto de uma menina que já não palpitava no meu ventre ... Dói tanto, tanto, tanto!

E... quando ela nasceu não consegui vê-la, enclaustrei os olhos na escuridão para lá das pálpebras e impedi que a carinha da minha

filha se fossilizasse na memória; tinha 37 semanas o meu bebé...
A sua existência foi breve, fugaz como um sopro de ar da brisa que
corre lá fora.

Passados uns meses ganhei força e engravidei, em fevereiro de
2008, de uma menina novamente... A minha menina, a minha
Maria...

No dia 24 de junho, com 27 semanas, uma sensação familiar
alojou-se entre mim e todas as coisas que me envolviam.

Fui ao hospital, fiquei internada, mas a minha menina acabou
por morrer. Quando me disseram, com uma voz retraída, "Está
morta", eu quis morrer também! E... quando ela nasceu tive de a
ter nos meus braços, não suportaria passar por tudo de novo e não
reter a carinha da minha filha emoldurada na memória.

Nunca mais vou ser a mesma pessoa, quando penso nelas perco
a vontade de continuar... é muito difícil!

A brevidade que as minhas filhas tiveram junto a mim foi demasiado fátua para dar sentido a uma história que teve o seu epí-
logo longo demais.

"Que Deus me dê serenidade para aceitar as coisas que não posso mudar, coragem para mudar as que posso e sabedoria para distinguir entre elas" (Reinhold Niebuhr, "Oração da serenidade").

MÊLINA MIRA

Parecia que estava a dormir, tinha um ar tão tranquilo... Nasceu num domingo, e na segunda-feira foi enterrada.

Todas as histórias começam por uma introdução, ou apresentação.

Tratando-se de um testemunho, acho interessante apresentar-me primeiro: chamo-me Mêlina Monteiro Mira, tenho 32 anos, nasci na Alemanha, mas vivo em Portugal desde os 6 anos de idade.

Dada a doença crónica que me acompanha desde os 8 anos, diabetes tipo 1, sempre vivi na incerteza quanto a poder ou não ser mãe.

Em 2004 fiz o meu primeiro teste de gravidez, e, felizmente, obtive o meu primeiro positivo. Foi uma gravidez muito vigiada, com muitos medos, muita ansiedade, mas que compensou tudo isso. A 27 de junho de 2004 nascia a minha razão de viver, o meu amor maior, a minha Núria!

Era o meu sonho realizado! Em parte... mas realizado. E em parte porque o meu sonho era o de um dia ser mãe de duas crianças!

Tendo um irmão, e porque não imaginava a minha vida sem ele, queria dar um mano ou mana à minha filha. E dei continuidade ao meu sonho.

Em julho de 2005, tinha a Núria 13 meses apenas, estava grávida novamente! Não conseguia acreditar!

Mais uma vez uma gravidez muito vigiada e muito diferente da primeira, principalmente porque não me sentia ansiosa, nem com tantos medos, afinal era a minha segunda viagem como mãe.

Para surpresa das surpresas era uma menina! A Matilde estava a caminho!

Mas essa viagem, esse sonho, terminou num grande pesadelo.

Tinha 37 semanas e três dias de gestação. O parto estava marcado para cinco dias depois.

No dia 9 de fevereiro acordei e não senti a Matilde. Tomei o pequeno-almoço[11] e tive a sensação intrujada que ela tinha mexido. Fiquei preocupada, embora durante a manhã a barriga mexesse, só que os movimentos não eram intensos.

Fui à urgência do hospital mais próximo. Queria apenas confirmar que a minha bebé estava bem. Mas o pior tinha acontecido.

E o pior foi-me dito da pior maneira possível. Como? Como era possível? A minha filha o quê? Estava o quê? Morta? Mas… aquele ser a quem ainda chamam de "doutor" tinha a noção do que me estava a dizer? Morta como? Porquê? Porque não observava o exame com mais atenção? Porque não se certificava que o ecógrafo não estava sem energia ou avariado?

Foram essas e muitas mais questões que me passaram pela cabeça naqueles segundos. Até que esse mesmo ser a quem se chama "doutor" me disse para eu parar de chorar e guardar as forças para o bloco de partos, porque era lá que eu tinha de as gastar, porque era para lá que ele me levaria naquele momento.

O quê? Vou para onde? Nem pensar!

Não ia com aquele médico para lugar nenhum, ele estava a gozar-me! Se a minha filha estivesse mesmo morta, ele não poderia dizer daquela maneira a uma mãe que a filha tinha morrido.

Fui embora daquela urgência e, à minha responsabilidade, dirigi-me para a maternidade onde estava previsto o nascimento da nossa filha. Após chegar à maternidade, o pior confirmou-se. A minha filha estava morta dentro de mim.

Como era possível? Morta? Mas que mal tinha eu feito? Como poderia a minha bebé estar morta?

---

11. Café da manhã.

Morta significava que não tinha vida... Mas a minha filha tinha morrido? Essas questões permaneceram, outras mais vieram, durante aquelas horríveis trinta horas em que estive em trabalho de parto. Passei por todo o processo de um parto que está a ser provocado, desde toques para verem se o útero tinha amolecido, se tinha iniciado o processo de dilação... enfim, por todo o procedimento supostamente normal para ter a minha bebé nos braços.

Para complicar, a Matilde estava em posição pélvica, o que fez que o parto normal não fosse possível, pois tinha imensas contrações mas não dilatava. A parteira que me acompanhou nas duas gestações decidiu que o melhor era a cesariana.

E a Matilde nasceu de cesariana, mas não chorou, não veio para o meu peito, não lhe dei beijos nem mimos, não lhe dei alimento, não lhe dei banho.

A Matilde nasceu sem vida.

Era tão linda... Curiosamente, a Matilde era parecida comigo, enquanto a Núria é muito parecida com o pai. Mas a Matilde não... Era cabeluda, com umas bochechas muito gordinhas, umas pestanas muito grandes.

Estava tão serena a minha filha! Parecia que estava a dormir, tinha um ar tão tranquilo... Nasceu num domingo, e na segunda-feira foi enterrada. O berço da minha filha era uma campa de cemitério, e não o que estava à sua espera em casa.

Supliquei várias vezes para me deixarem morrer, para me deixarem ir com a minha filha, eu não queria viver. Por horas, minutos, nem sei bem, esqueci que tinha uma filha com vida, a Núria, que precisava de mim. Também não lembrei que era filha, esposa, irmã, tia, madrinha, amiga de tão bons amigos que tinha. Não me lembrei de nada, apenas queria morrer, não queria ficar cinco dias internada sem a minha filha, não queria comer nem beber, a minha vida tinha perdido todo o sentido.

Aquelas paredes brancas foram as minhas confidentes, com elas partilhei lágrimas e a maior dor que existe no mundo. A varanda era a minha cúmplice, era para lá que ia à noite falar com as estrelas e pedir-lhes que trouxessem a Matilde de volta.

Passado o internamento, era hora de voltar a casa.

Não queria ver ninguém, nem falar com ninguém, e depois de um mês encerrada em casa eu e o meu marido fomos ao cemitério, ao berço da nossa menina.

O relatório da autópsia revelou que a Matilde deu duas voltas no cordão umbilical e morreu por asfixia. Era saudável, estava pronta para vir a este mundo... mas foi para outro, longe de mim, longe do meu colo...

Até hoje, passados dois anos e meio, ainda sinto que poderia acordar, porque é algo tão cruel que ainda sonho que estou a sonhar.

Mas ainda hoje falo para o céu, para as estrelas, para a lua, para o vazio do silêncio, onde a minha filha me ouve.

Sei que um dia nos encontraremos.

Imagino-a numa nuvem... uma nuvem especial: a "Nuvem M". Essa nuvem é azul e cheira a bebé. Tem a particularidade de nela habitarem bebés e crianças cujo nome comece por "M"; nela estão a minha Matilde, a amiguinha Mónica, a tia Mónica, a prima Mafalda... e tantas outras meninas, e também meninos.

Dois anos e meio depois de ter perdido a minha menina, sei que estou diferente. Estou mais distante de futilidades, deixei de me importar com juízos de valor que os outros possam fazer a meu respeito, dou mais valor ao dia de hoje, ao presente, digo aos meus amigos que gosto deles, que preciso deles, digo "não" quando não me apetece fazer algo, sem medo de represálias.

Não sei se essa diferença em mim é boa, mas também não me importa se ela é boa ou má. Voltei, gradualmente, a acreditar na esperança, no sorriso que aos poucos foi aparecendo nos meus lábios.

Há perguntas que continuam sem resposta, há *porquês* que ainda não entendo, há *ses* que questiono diariamente, e tenho a certeza de que me acompanharão para o resto da vida. Uma coisa aprendi: a ser capaz de amar eternamente a minha filha! Hoje estou a viver uma terceira gravidez. Esta sim cheia de medos, ansiedade, mas também de muita esperança!

É uma gravidez recente, ainda não tem doze semanas, mas é uma gravidez que me está a ensinar a acreditar na vida, acreditar que o pensamento positivo faz a diferença, e que sim... tenho um anjo protetor!

Sou mãe de uma princesa que ilumina todos os meus dias, de uma princesa-anjo que ilumina todas as minhas noites, e, neste momento, mãe de um feijãozinho que está dentro de mim!

Acreditar é importante. Acreditar é ter esperança, é ser mais forte que os nossos medos.

Eu acredito!

LILIANA MENDES

[...] o meu filho nasceu às 23h12. Nesse momento, peguei-o ao colo... o meu menino... mas, em vez de o ouvir chorar, um silêncio invadiu a sala de partos.

Miguel, esta é a tua história...

O meu nome é Liliana, tenho 30 anos e trabalho num serviço de obstetrícia.

A minha história começa no dia 12 de julho de 2007, dia em que uma amiga me obrigou a fazer um teste de gravidez. Fomos ao centro comercial e, numa casa de banho vazia, surgiu um grito de alegria e de medo. O teste deu positivo! Não podia acreditar! Não sabia se havia de rir ou chorar. No entanto, só no dia seguinte acreditei que um bebé estava a caminho, quando o encontrei numa ecografia que não deixava dúvida acerca da sua existência. Nunca vou esquecer aquele dia, o dia em que vi pela primeira vez o meu bebé! Era um pontinho minúsculo que pulsava sem parar. Era um coração cheio de vida que estava ali para encher a minha existência de alegria.

Era o primeiro neto, o primeiro sobrinho, o primeiro primo, enfim, era uma dádiva para todos nós. Contámos a toda a família, com as lágrimas a invadirem os nossos olhos. Mal sabíamos que um dia aquelas lágrimas de alegria iam transformar-se em dor!

Desde o início foi uma gravidez difícil para mim; os enjoos estavam sempre presentes, cheguei a pensar que não conseguiria trabalhar daquele jeito. Eu maldizia a minha vida, aqueles vómitos que não paravam estavam a dar comigo em doida.

Como me arrependo de algumas coisas que disse!

No dia 6 de setembro fiz a segunda ecografia, às treze semanas e um dia. Foi um misto de sensações, principalmente uma felicidade que me assolava. Via-se perfeitamente as suas formas; olhar para aquele ecógrafo e ver o meu filho a mexer-se foi das coisas mais bonitas que alguma vez VIVI. Naquele dia fiquei a saber que era um menino!

Era um Miguel que estava a caminho.

Miguel, nome de guerreiro, muito esperado por todos. Tudo correria bem, pensei.

O meu menino começou a crescer, a minha barriga rapidamente tornou-se visível e eu era a mãe mais orgulhosa do mundo! Comecei a sentir o Miguel, que sensação maravilhosa a de sentir o nosso filho a mexer dentro de nós!

Em outubro o meu marido foi trabalhar fora do país, foi muito difícil para mim. Eu e o meu filho ficámos sozinhos quando tanto precisávamos do pai. Mas não havia nada a fazer. Já havia algumas semanas que sentia contrações, mas eu não queria chatear a minha médica. Como alguém que trabalha num serviço de obstetrícia, acho que todos esperam que saiba como agir e que não me queixe por tudo e por nada. Esperam que, como grávida, seja diferente de todas as outras grávidas que não têm formação nessa área.

Mas eu era apenas mais uma grávida, com dúvidas, como qualquer uma. O facto de trabalhar ali não me fazia ser diferente. Houve um dia em que não aguentei mais e fui à urgência; estava com contractilidade, necessitava de repouso e a tensão arterial estava um pouco elevada. Passava os meus dias sozinha a olhar para a televisão, a comer e a vomitar de seguida e a falar com o meu texuguinho. Desejei que os meses passassem rapidamente para que o Miguel nascesse, não aguentava mais.

Passava o dia na cama; quando me esforçava um pouquinho, começavam as malditas contrações. Tinha tanto medo que alguma coisa corresse mal!

Assim decorreram os meses, e já estava na altura de o meu marido regressar. Estava quase a chegar o momento de o Miguel nascer...

No dia 9 de fevereiro de 2008, acordei muito engripada. Não sentia o Miguel desde o dia anterior. Decidi ir ao hospital. Fiz uma cardiotocografia (CTG): a frequência cardíaca estava normal, mas apresentava pouca variabilidade. Por sorte naquele dia estava lá a minha médica. Fizemos uma ecografia e segundo ela estava tudo bem. O colo já tinha 80% de apagamento, estava com contrações, tudo indicava que o meu menino nasceria em breve.

Fiquei um pouco mais tranquila. E regressei a casa.

Decidi nesse dia terminar de pintar o seu quartinho. Montei o berço, arrumei as roupinhas, enfim, preparei-me para receber o meu tão esperado filho.

Na mesma noite as contrações ficaram um pouco mais dolorosas. Aguentei até de manhã e depois decidi ir com a minha irmã e a minha prima para a maternidade. O maior medo era o do parto. Nervosas, mas ao mesmo tempo contentes, lá fomos as três. À medida que nos deslocávamos, maiores tornavam-se as contrações. Estava mesmo aflita! Quando cheguei, a Alice, a Lurdes e a Raquel, colegas do meu serviço, recepcionaram-me. Levaram-me para a sala de ecografia. Quando me fizeram a eco, apercebi-me de que algo não estava bem; eu perguntava se o bebé estava bem e ninguém me respondia. Os olhares revelaram aquilo que eu não queria saber: "O bebé não tem batimentos cardíacos". O meu mundo desabou.

Foi um choque tão grande que a minha vontade foi morrer naquele momento. Como foi possível acontecer aquilo em menos de 24 horas?! Um vírus fatal, em menos de 24 horas, atingiu a placenta, acabou com a vida do meu menino e com os meus sonhos! Levaram-me para outra sala para me fazer uma nova ecografia; queriam ter certeza. Passei no corredor pela minha irmã e pela minha prima e pedi que chamassem rapidamente o meu marido. Não tive coragem de lhes dizer o que se estava a passar.

Eu não queria acreditar que o meu filho tinha partido. Com 35 semanas e seis dias o meu anjo ganhou asas e partiu para longe de mim.

Depois disso seguiram-se todas aquelas horas, o conflito entre a razão e o coração. Não queria ter de passar por todo um trabalho de parto, preferia a cesariana. No fundo eu sabia que aquilo não era o melhor para mim, mas já doía tanto saber que o Miguel estava sem vida, quanto mais passar por todas as dores, dilatação, e no fim não o ter nos meus braços. Ninguém fez o que pedi e o parto foi induzido. Seguiram-se doze horas de espera. Nessa altura a minha família invadiu o hospital. Os meus pais, sogros, irmãs e cunhados, tios e amigos, todos eles se deslocaram até lá.

Recordo-me da minha mãe chegando ao pé de mim a chorar; ela tinha espelhado na cara tanto sofrimento que só de pensar naquele momento as minhas lágrimas correm. Mais tarde chegou o meu sogro, que me disse sem pensar: "Eles se calhar enganaram-se, como é que o menino está morto? Ele está dentro da tua barriga, tens uma barriga tão grande!" Fiquei com pena dele, que acreditava que a barriga pudesse proteger o meu filho. A minha médica chegou e também no seu olhar estava espelhada a tristeza. Nunca pensamos que esse tipo de coisa possa acontecer a nós que trabalhamos todos os dias ajudando bebés a nascerem e saírem da maternidade nos braços das suas mães.

Depois de todas aquelas horas, o meu filho nasceu às 23h12. Nesse momento, peguei-o ao colo... o meu menino... mas, em vez de o ouvir chorar, um silêncio invadiu a sala de partos.

Ali estava o meu filho, de olhos fechados e sem vida. Era tão lindo o meu bebé! Tinha 3,1 quilos.

O parto não foi muito fácil. Lembro-me de haver muita correria, apercebi-me de que não estavam a conseguir tirar o Miguel. Os médicos que se encontravam disponíveis entraram na sala e comecei a ouvir: "É melhor tentar a cesariana". Recordo-me de dizer: "Cesariana não, não agora depois de tudo!"

Inesperadamente, sem aviso prévio, o meu filho foi arrancado de dentro de mim, dos meus braços e do meu colo!

Nunca o ouvi chorar.

Fica a lembrança de quando olhei para ele e lhe disse: "Como és lindo, meu menino!" Abracei-o e dei-lhe o primeiro e último beijo. Encostei a sua face à minha e gritei para comigo: "Chora!", mas não, não foi isso que aconteceu. Submergiram-me com uma medicação que me roubou as forças para atuar, que me reprimia as palavras, e, aos poucos, tiraram-me aquele momento, o único em que poderia estar com o meu filho. Nunca perdoarei a anestesista que me fez isso. Eu estava calma, simplesmente comecei a chorar! Será que não tinha direito de o fazer? O meu filho estava morto! É claro que eu tinha de chorar. Mas ela achou que o melhor era pôr-me a dormir e roubou-me aquele momento. Em apenas um segundo passei a dormir profundamente. Lembro-me apenas de lhe desejar um soninho descansado.

Acordei mais tarde no recobro, todo o meu corpo tremia, eu já não tinha o meu bebé comigo. Tinham levado o meu anjo, tinham-no levado para sempre, nunca mais pude vê-lo ou senti-lo nos meus braços. Agora fica a saudade e a dor de não o ver crescer.

Hoje passaram-se sete meses. Olho para mim e não me reconheço, a alegria desapareceu da minha vida. Tento seguir em frente, mas é difícil. Por vezes sinto uma dor tão grande que me sufoca.

Muitas vezes as pessoas abordam-me e dizem: "Se calhar foi melhor assim!"

Como podem dizer que foi melhor assim?

Durante meses revivi aquele dia, cada olhar, cada palavra, cada gesto.

Hoje consigo olhar para a frente e pensar que aconteceu porque tinha de acontecer, porque o destino reservou-me esse final tão cruel e nada poderia fazer para o ter evitado.

Mas nos dias em que a tristeza me invade, volto a indagar: "Será que não poderia ter sido feita alguma coisa para salvar o Miguel? Será?" São dúvidas que tento colocar de lado, mas quando estou em baixo elas regressam em força!

Por vezes ponho-me a pensar naquele dia e imagino-o de forma diferente, com um final feliz. Como era bom poder mudar o final desta história!

De regresso ao trabalho, enfrento todos os dias grávidas e bebés a nascerem; tem sido muito complicado esse regresso. Não é fácil ver aquelas mulheres saírem de lá com o filho nos braços, sendo que eu saí de lá completamente vazia. Por vezes penso que não vou conseguir continuar a trabalhar ali. Hoje vivo na esperança de engravidar e poder dar um irmão ao Miguel, para que ele, lá do céu, possa tomar conta do mano, como diz uma querida amiga.

Não há um dia em que eu não chore de saudade.

Acredito que o meu anjo está no céu, que está a olhar por mim e pelo pai. Que está numa nuvem linda a brincar com todos os outros anjinhos. No fundo, paira a esperança de um dia reencontrar o meu filho. Eu sei que um dia vou voltar a abraçá-lo...

Miguel, a ti, meu anjo, eu dedico a minha vida, o meu sorriso, a minha alegria. Por ti, meu anjo, choro e vou chorar...

Por ti eu sinto amor, ternura, saudade. Saudade que dói e vai doer para sempre.

Neste palco que é a vida tu és e serás sempre a minha estrela.

Amo-te muito.

IV

REFLEXOS DA PERDA

ALEXANDRE
Reflexos num pai...

Fui pai quatro vezes, mas só uma filha posso cingir nos braços, posso pegar ao colo, posso beijar e dizer: "Dorme com os anjos".

Por isso, quando relembro os outros três bebés, inunda-me um vazio, uma certa nostalgia, e revejo-me preso à pergunta "Porquê?" Dizem que é a vida, e eu também sinto isso, a vida não é cor-de-rosa.

Talvez os momentos mais tristes – reforço o talvez, porque sempre me sinto triste quando penso neles, como agora –, tenham sido aqueles em que soube que dois deles estavam mortos e quando foi diagnosticada a triploidia da Matilde.

Foram momentos de muita dor, mas senti que tinha de proteger e apoiar a Constança e a minha filha. Claro que não consegui, o sofrimento físico e psicológico da Constança foi muito grande. Desejei poder trocar com ela, o que não é possível, então apenas pude ficar ali a assistir a tudo, sem poder fazer nada, perdido.

A minha filha espelha um ar tristinho quando se fala do mano ou da mana – é assim que ela se refere aos primeiros bebés –, e ainda mais triste quando se fala na Matilde. Senti e sinto-me impotente perante essa realidade.

Quando do problema da Matilde, vieram-me lágrimas aos olhos, as quais procurei esconder; não que tivesse sentido menos das outras vezes, mas naquele momento já acreditava.

A Mariana chorou porque a Matilde estava muito mal, chorou pela sua morte, e foi nessa altura que uma frase me fez decidir quanto à atitude a tomar: "É melhor assim, papá, agora, do que ficarmos sem ela depois de nascer". Seria a realidade, e foi essa a decisão que eu e a Constança tomámos em conjunto.

O que vale é que há futuro, embora tenhamos alguma idade; faço deste ditado o meu lema: "Enquanto há vida, há esperança". Espero e acredito que o próximo filho nasça e cresça connosco.

Acabo como comecei, mas mudando o princípio do texto: SOU PAI de quatro filhos, porque três deles, mesmo não estando cá, continuam no coração, e espero voltar a ser pai pelo menos mais uma vez.

Mando um grande beijinho, aquele que nunca pude dar fisicamente, aos três pequeninos, já que a Mariana recebe o dela todos os dias.

FILIPE ARAÚJO

Abri a porta que acedia a um corredor; ali, um choro, ao fundo, de uma voz que gemia, presa ao som de uma dor incontrolável. Pensei para mim que alguma coisa má tinha acontecido a alguém, longe de imaginar que era a mim.

Sempre quis ter um filho. Ou melhor, vários. Mesmo em jovem, já sabia o que queria. Sempre achei que daria um bom pai. Então, quando finalmente consegui convencer a Carina, fiquei muito feliz, pois apesar de saber que a partir dali a nossa vida mudaria radicalmente, era uma mudança desejada. Ter e criar um filho, e isso já o sabia e sentia, é a melhor obra que podemos apresentar neste mundo, e eu ansiava por esse momento.

Eu andava muito ansioso, pois na minha cabeça bastava começar a tentar e a gravidez aconteceria, mas quando passou um mês sem que essa semente germinasse, uma preocupação implantou-se. No segundo mês, continuámos a tentar, mas chegámos ao fim do mês e veio algo parecido com o período à Carina, que ficou com febre dias depois. Como estávamos na dúvida sobre se estaria ou não grávida, achei por bem não correr riscos, e antes que ela tomasse qualquer medicamento fui a correr comprar um teste de gravidez. Positivo, dizia o teste. A Carina, entre a alegria e o medo do que então viria, começou a chorar. Eu também chorei, mas simplesmente de alegria.

A gravidez foi perfeita, nas palavras do médico que acompanhou a Carina. Nada havia a apontar, tudo corria dentro da mais perfeita normalidade. Para nós, pais de primeira viagem, cada ida ao médico e cada ecografia eram momentos de algum estresse, pois tínhamos sempre medo que alguma coisa corresse mal. Mas com o passar do tempo, com o decorrer normal da gravidez, fomos ganhando confiança e caindo na realidade de que íamos mesmo ter um filho! Foram tempos tão bons! Ver crescer a barriga, sentir os primeiros movimentos do Tiago, imaginar como seria a sua face, conversar sobre o futuro com ele, comprar as roupinhas, preparar o seu quarto, contar aos futuros "vovós", ver a alegria de todas as pessoas que nos amam e nos acompanham... Foram tempos lindos.

O médico estabeleceu o dia 11 de abril como data-limite para o parto, mas nós queríamos ver logo o nosso Tiago, desejávamos que nascesse mais cedo. Quando lá fomos, no dia 5, já íamos com o secreto desejo de que estivesse na hora. Mas, depois de fazerem a cardiotocografia (CTG) e a palpação do colo do útero, chegou-se à conclusão que ainda não era a hora certa, pois o colo do útero não tinha uma dilatação que indicasse a proximidade do trabalho de parto. Fomos embora sabendo que de dia 11 não passaria. Quando a Carina, no final da manhã do dia 10, me disse que não se lembrava de ter sentido o bebé naquela manhã, algo dentro de mim fez um clique. Pressenti que o dia não acabaria bem, mas tentei convencer-me que seria eu apenas a dramatizar. Comeu um chocolate, como o médico nos tinha instruído, e esperámos. Esperámos e ele não se mexeu. Já muito ansiosos, fomos a correr para o hospital. Chegados à secção de obstetrícia, ela entrou logo, ficando eu, muito nervoso, na sala de espera. Passado algum tempo, uma enfermeira mandou-me ir cuidar da entrada da Carina, e eu então fiquei um pouco mais calmo. Pensei para mim que afinal estava tudo bem, pois ela ficaria internada para ter o Tiago. Mesmo assim, tinha de ver a Carina, para saber se estava tudo bem. Depois de tudo tratado, voltei à sala de espera, quando, passado pouco tempo, me disseram que entrasse. Abri a porta que acedia a um corredor; ali, um choro, ao fundo, de uma voz que gemia, presa ao som de uma dor incontrolável. Pensei para mim que alguma coisa má tinha acontecido a alguém, longe de imaginar que era a mim. Quando a enfermeira apontou a porta do quarto de onde vinha o choro, apenas olhei incrédulo para ela e entrei... Ao ver a Carina a chorar compulsivamente, a minha vida desabou. Abracei-a e assim ficámos. Esses momentos parecem ter sido um sonho, ou melhor, um pesadelo. A enfermeira a explicar que o coração do Tiago já não batia, o enfermeiro com quem a Carina fez a preparação para o parto a chegar, transtornado com o que tinha acontecido, a explicar que mesmo assim ela teria de passar por um parto natural, a chegada do médico obstetra que a acompanhou, a repetição do exame para ter certeza absoluta, o médico a mostrar uma calma que, percebia-se, não tinha... Tudo isso parecia irreal, mas, ao mesmo tempo, terrivelmente real.

Isso aconteceu no dia 10, ao início da tarde, e o parto apenas ocorreu no dia 11, à noite. Durante esse tempo, depois de passado aquele primeiro impacto, unimo-nos para ultrapassar aquele momento tão doloroso e tão injusto – o parto natural. E concentrámo-nos nisso. O parto foi algo de extremamente violento, como o são todos; no entanto, no final, este não teve alegria, apenas um alívio enorme pelo fim do sofrimento da Carina, mas também, e principalmente, um sentimento de vazio enorme, como nunca tinha sentido. Quando a Carina, segundos depois de o Tiago ter nascido, chorou de uma maneira como nunca a tinha visto chorar, como se tivesse finalmente percebido o que tinha acontecido, senti um desespero enorme e percebi que realmente a nossa vida mudaria para sempre, mas não da forma que tínhamos imaginado. O momento em que o Tiago nasceu foi o acordar para a nova realidade. Tudo tinha acabado, mas o nosso bebé não estava connosco. Na primeira noite na maternidade, deixaram-me ficar com a Carina, e, deitados, cada um na sua cama, vivemos uma noite dolorosa, cheia de choros de outras crianças recém-nascidas, vindos de outros quartos, a lembrar-nos sem cessar aquilo que nós não tínhamos.

A partir de então, tudo começou a piorar. As lembranças não nos largam, e apesar de serem lembranças de tempos bons, apenas nos fazem sentir ainda mais por aquilo que perdemos, aquilo que não temos... Cada vez que vemos um bebé, cada vez que vemos pais a brincar com os filhos, cada vez que nos imaginamos nessa posição... o vazio é enorme! Falta algo, falta o nosso Tiago.

Muita gente não percebe isso. Apenas dizem que era pior se ele já tivesse nascido, que somos novos, que ainda há muito tempo pela frente, que... Não percebem! O nosso Tiago não foi uma coisa que desapareceu. Nunca o vi, mas já era o nosso filho! É o nosso filho. O nosso primeiro filho! Eu sei que só querem ajudar, mas pioram a situação.

Essa dor nunca acabará, mas temos de aprender a viver com ela, sempre com a esperança de que um irmão para o Tiago venha aí. Aos poucos e poucos, vamos aprendendo novamente a sorrir. Não é fácil, mas a vida não acabou ali. Pelo menos é isso que estamos a tentar aprender. Chegaremos lá... Apesar de a vida não estar a facilitar e continuar a bater em nós, dando-nos apenas tristezas, mantenho a esperança de que o poço tenha um fundo e que, depois de lá chegarmos, o caminho seja apenas para cima.

Não desistimos, seremos pais e seremos felizes. No meio de tanta coisa, o que nos faz andar para a frente, mesmo que devagar, é o amor que sentimos um pelo outro, acompanhado pela vontade de lutar por um novo filho! É um caminho, e, desde que o façamos juntos, tenho esperança num futuro mais risonho.

Não posso aqui deixar de lembrar as pessoas que tanto nos apoiaram nesses momentos de dor. Os nossos pais, os nossos irmãos e amigos, sendo que alguns chegaram a percorrer milhares de quilómetros simplesmente para estarem ao nosso lado, todo o pessoal do hospital e o nosso médico obstetra, que foram extremamente solidários e compreensivos, e, por fim, a Associação Artémis, que nos deu uma ajuda importante e onde encontrámos um refúgio, unindo-nos a pessoas que tiveram as mesmas perdas, e sentem as mesmas dores.

GONÇALO
Um sonho desvanecido...

Tudo começou num sábado em que mais uma vez havia jogo de futsal, como de costume. À entrada do clube, e após ter recebido uma chamada pelo telemóvel, ouvi a voz da minha noiva a sussurrar que carregava no ventre um filho nosso. A surpresa foi enorme e a alegria foi tanta que a minha reação no momento resumiu-se a um estado inerte, sem palavras que conseguissem exprimir o que sentia.

A gravidez foi-se desenrolando normalmente e sempre participei das consultas ao especialista; ainda recordo, como se fosse hoje, a primeira ecografia que nos mostrou o Santiago naquele écran tão transparente, uma imagem lindíssima, ao som do bater de um coração incansável, aquelas batidas rapidíssimas do nosso bebé eram música para os nossos ouvidos. Recordo o momento em que soube que seria um menino, estava radiante e completamente feliz com a ideia de ser pai.

Eis que, numa das minhas manhãs de trabalho, a minha noiva liga-me muito preocupada, sob um chorar compulsivo, a informar-me de que lhe tinham ligado do consultório e que precisava ir para lá. Ficámos assustadíssimos, pois o médico tinha-a mandado fazer uns exames e apenas lhe telefonaria se algo não estivesse bem. Felizmente não passara de um susto; após repetição, constatou-se que estava tudo bem. No entanto, sem nenhum controlo sobre os acontecimentos, na consulta das 22 semanas encontrámo-nos num cenário que não sabia que existia: uma área, apelidada pelos médicos de consulta de malformação, em que várias futuras mamãs aguardavam estáticas a sua vez, olhavam-se entre si como condenadas num corredor de execução, silenciosas, mas em completo estado de histeria visualizado nos pequenos movimentos apressados dos pés, nas mãos fugidias, no pestanejar rápido. Só naquela manhã eram dezanove; a angústia de ter de esperar era arrepiante.

Quando finalmente entrámos no consultório para fazer a ecografia, quatro médicos aguardavam-nos em sentinela, o que só por si ainda aumentou em mim o receio real de que algo não estivesse bem; falavam entre si, como numa seita, e via-me a tentar descobrir desesperadamente o que eles diziam.

Foi a última vez que vi o Santiago na imagem do écran.

Após a ecografia foi-nos dito que o Santiago tinha ausência de corpo caloso; era imperativo fazer-se uma ressonância magnética para tirar todas as dúvidas. A minha mulher estava arruinada; tentava confortá-la, mas sentia-me impotente perante aquela situação e pensava em tudo e em nada ao mesmo tempo, não sabia bem o que pensar, dava-lhe apoio mas precisava de ser apoiado, sentia uma dor dentro do meu peito que me magoava profundamente, além de uma frustração asfixiante. Mas eu não podia demonstrar isso, tinha de conseguir aguentar e dar-lhe força, ela precisava de mim naquele momento.

As noites seguintes foram intermináveis; eu que não sou muito a favor da igreja rezava, rezava várias vezes, mas isso não me valeu de nada. Quando fomos a Coimbra para que se fizesse a ressonância, não pude entrar, fiquei do outro lado da porta, inundado por pensamentos sobre o Santiago; a assombração provocada pela possibilidade de algo sair do controlo e da perda da minha noiva, pensamento que me torturava, era algo para o qual eu não estava preparado, bastava a perda do meu filho. Tinha muito medo que algo acontecesse também à mulher que amava; junto dela sentia-me mais seguro, e aquela porta distanciava-me, não me deixava saber o que estava a acontecer. Fizemos ainda uma amniocentese, mais uma vez não me deixaram entrar; eram momentos intermináveis, sentia que ela nunca mais sairia, queria poder cingi-la e protegê-la. Sabia que tínhamos de fazer a interrupção da gravidez, mas dentro de mim restava uma pequena esperança que a ressonância tivesse um resultado diferente daquilo que os médicos diziam. Eu sabia que seria difícil, mas era uma das formas que eu tinha de me defender dos meus sentimentos. A juntar a isso tudo, havia o Bruno, que diríamos ao Bruno? Que ele já não teria o mano? Como lho diria? Como é que o faria?

Na terça-feira seguinte, o pior dos cenários confirmou-se: estava decidido o destino do Santiago. Fomos então a Coimbra para o que eles chamaram "colocar o bebé a dormir". Estive junto dela durante o dia, tentando arranjar um tema para preencher a nossa mente, e quando me mandavam sair do quarto, porque tinham de fazer alguma intervenção, era sempre um modo aterrorizador que me preenchia. No corredor, onde esperava, ouviam-se os sons dos recém-nascidos, que choravam e me lembravam que o meu Santiago não choraria para mim. Via os pais com os seus bebés ao colo, a mostrá-los aos familiares cheios de orgulho; eu teria os meus braços vazios, não seguraria o meu menino e não o mostraria aos seus avós, nem ouviria que era muito parecido com o pai.

Não levaria o Santiago para casa.

Ao chegar da noite ela insistiu comigo que fosse para casa, já não aguentava muito mais, tinha de ficar sozinho. Na viagem de Coimbra a Leiria, não me recordo se fui depressa ou devagar, francamente nem me recordo da viagem, fiz o trajeto todo num mar de lágrimas. Ao chegar a casa deitei-me e adormeci... estava exausto!

O Santiago nasceu durante a noite.

Uns dias depois de tudo acontecer, estávamos no meu quarto, em casa dos meus pais, uma fotografia minha de quando era bebé levou a Virgínia às lágrimas, pela semelhança entre o Santiago e a minha imagem pueril. É a imagem que eu guardo na memória do meu Santiago, a qual todos os dias me acompanha no meu pensamento, e é assim que vou guardar a imagem do meu filho para o resto dos meus dias.

Aos homens que por essas tristezas passam, um conselho: para além do sofrimento a que estamos penitenciados, há sempre alguém que nós amamos a quem temos de apoiar.

MAFALDA SOBRAL – advogada

No processo de luta, há um crescimento inevitável e, desse modo, ainda que parecendo contraditório, a nossa felicidade se constrói.

O meu nome é Mafalda, sou advogada e tenho dois filhos, o Francisco e o Caetano, o primeiro com quatro anos e o segundo fez hoje um mês.

Sofri indescritivelmente a dor da perda por nove vezes.

Fazem parte da minha vida nove perdas, nove filhos que partiram, nove abortos que ocorreram antes e depois de o Francisco nascer. Todo o processo de sofrimento me condicionou como pessoa, mulher e profissional. É impossível não mudar, não se transmutarem os valores, as prioridades.

Hoje, encaro o processo de perda como uma fase da vida que me ajudou a crescer como mulher.

Esqueci-me dos maus momentos.

Encarei conscientemente o sofrimento e, contrariamente à opinião de médicos, amigos e família, sempre tive fé. Acreditava que conseguiria ter os meus dois filhos.

Tomei consciência da dor e consciência do país em que vivemos, onde somos alertados quanto à necessidade de uma nova consciência social, determinada pelo mau funcionamento dos hospitais, pela falta de humanismo na espera e na saída das consultas, após os abortos, pela falta de ética profissional e, sobretudo, pelo facto de que existem milhares de portugueses que não têm meios para lutar.

Do ponto de vista científico, todos os meus bebés eram inviáveis, quer para os hospitais públicos, quer para a clínica privada que nos assistiu. As probabilidades de anomalias eram imensas,

MATERNIDADE INTERROMPIDA

sendo que faltou a explicação para a determinação dessa probabilidade. Contrariando todas as teses científicas, os meus dois filhos resultaram de concepção natural, sem nenhuma assistência ou tratamento médico, e nasceram saudáveis. Sobreviveram a antibióticos, comprimidos para úlceras e diversos outros fármacos.

Sou obviamente uma mulher realizada e muito feliz. Mas a experiência de perda foi essencial para que eu aprendesse três lições substanciais, sempre presentes na minha forma de encarar a vida e o mundo: em primeiro lugar, a solidariedade de quem experiencia perdas dessa natureza é muito importante no processo de luto. Em segundo lugar, a consciência social do problema é indispensável, sendo que a solidariedade antes mencionada pode e deve ser institucionalizada. Em terceiro lugar, talvez a minha melhor conclusão, que determinou o desfecho da minha história: uma mulher só se sente verdadeiramente realizada depois de concretizar o seu sonho de ser mãe, biológica ou não. Nunca devemos "matar" a maior motivação que nos move, e sim mantê-la com fé, solidariedade e partilha.

A minha história é insignificante.

Enquanto existir sofrimento, podemos e devemos contribuir com o nosso testemunho e o nosso empenho, oferecendo as capacidades e os instrumentos de que dispomos para ajudar os outros. No processo de luta, há um crescimento inevitável e, desse modo, ainda que parecendo contraditório, a nossa felicidade se constrói.

JOANA GARCIA CRUZ – jornalista
Reflexos da perda no jornalismo

"Vais ser tia, mana!"

Lembro-me das palavras da minha irmã, lembro-me da felicidade que lhe inundava a voz, lembro-me do nervosismo que me percorreu todo o corpo. Aquele dia de agosto ficará para sempre na minha memória como um dos mais felizes da minha vida. Eu ia ser tia e o meu sobrinho acabava de conquistar um lugar cativo no meu coração. De facto, até aquele momento nunca tinha pensado verdadeiramente na vinda de um bebé para a família. A ideia inundou-me de uma felicidade indescritível...

Apesar da distância que nos separa, pois vivemos em cidades diferentes, passei pelas várias fases da gravidez da minha irmã, vibrei com os seus primeiros enjoos, testemunhei alegremente o crescimento da sua barriga, "obriguei-a" a fazer-me relatos de cada aula de preparação para o parto; acompanhava todos os momentos com curiosidade, carinho e muita emoção. Quando soube que seria um rapaz, fiquei ainda mais feliz, pois lá em casa éramos duas meninas e era antigo o sonho dos meus pais de ter um neto. Tiago foi o nome escolhido e estávamos todos muito felizes e ansiosos por conhecê-lo.

Em abril, com a gravidez a chegar ao fim, recordo-me de sentir uma ansiedade louca. Depois de marcada a data para a indução do parto, dia 11 de abril, comecei a sentir uma mistura de medo e de nervosismo que fazia-me ligar duas a três vezes por dia para a minha irmã, só para saber se já sentia alguma contração que indicasse que o Tiago nasceria a qualquer instante. No meu trabalho, tinha adiantado tudo ao máximo para que, assim que recebesse a boa nova, pudesse rumar para junto dela. Cada vez que o telemóvel tocava um nervosismo incontrolável apoderava-se de mim.

No dia 10 de abril, um dia antes da data prevista para o Tiago nascer, o telefone tocou. Tinha a certeza que era aquele o momento tão aguardado. Do outro lado, a sequência de palavras foi dura e implacável... Era a minha mãe. O coração do Tiago tinha deixado de bater. O meu sobrinho estava morto. A minha irmã tinha perdido o primeiro filho ainda na barriga. Os meus pais tinham perdido o neto. A minha família tinha perdido uma parte de si... Para sempre.

Lembro-me bem de cada minuto das três horas de viagem de Setúbal a Viseu, onde a minha irmã e o meu cunhado vivem. Gravei na memória cada parede daquela urgência de obstetrícia e ginecologia do hospital e da forma bruta como agarrei a pobre enfermeira, ordenando-lhe que indicasse onde estava a minha irmã. Lembro-me de lhe ter dito, num tom de voz áspero e duro, que não sairia dali enquanto não a visse, que tinha feito uma viagem de três horas e que não aceitava nenhuma justificação que me impedisse de lhe dar um beijo. A imagem da minha irmã, sentada num banquinho, agarrada à barriga, ao lado da cama, ainda hoje não me sai da cabeça... A única coisa que fui capaz de fazer foi dar-lhe um beijo com os olhos bem cheios de lágrimas e sair com uma dor no corpo que me pesava na alma e me travava os passos.

Tal como o previsto, o Tiago nasceu no dia 11 de abril, mas sem vida. Uma parte de mim viajou com ele até a um lugar de plena paz, onde acredito que esteja reunido com outros anjos que, tal como ele, partiram cedo demais. A partir desse dia, a visão que tinha da maternidade alterou-se para sempre... No meio de tanto sofrimento, o meu coração continua a lembrar-me que durante 39 semanas a ideia de ser tia me fez muito feliz.

Chamo-me Joana, sou uma jovem jornalista e minha vida costumava ser feliz e sem sobressaltos. Com a partida do meu sobrinho, o presente tornou-se um desafio e o futuro transformou-se numa incógnita que perdeu a suavidade de outros tempos. Depois de uma perda, no meu caso indiretamente, a perspectiva que temos das coisas e do mundo muda por completo e inevitavelmente acabamos por nos render a essa mudança, cientes de que nada será como antes. Como mulher, confesso que mudei. Por mais que tente, jamais serei capaz de encarar a maternidade como antes. Talvez porque antes a minha ignorância chegasse ao ponto de não saber que havia um número tão grande de mamãs privadas de dar colo aos seus filhos... O normal, julgava eu, residia nos receios habituais das doze semanas de gravidez, por causa da fragilidade da vida de um ser humano nesse período. Hoje, não consigo pensar numa mulher grávida sem considerar a fragilidade dessa linha de vida, desde o dia do teste positivo até ao momento do parto.

Na minha profissão, habituei-me a um constante confronto interior ao tentar passar para o papel a verdade dos factos, ao narrar os acontecimentos, ao deixar fluir uma mensagem que, supostamente, deverá chegar a um número alargado de pessoas. Habituei--me a sentir de maneira diferente cada tema, cada palavra, cada notícia, abstraindo-me de sentimentos... Na sociedade atual, em que a comunicação tem um papel tão importante, passei a questionar-me sobre os assuntos proibidos, aqueles que não chegam às primeiras páginas dos jornais, não porque não tenham importância, mas porque simplesmente escondem uma verdade incómoda. A perda gestacional entra nesse leque. Aprendi que em tudo na vida existem dois lados, e, na gravidez, as perdas são o lado encoberto de névoa: profundamente reais, dolorosamente vividas por casais e suas famílias, mas ignorantemente "desconhecidas".

A partida precoce do Tiago despoletou em mim a necessidade de saber mais sobre esse tema, obrigando-me a uma corrida em busca de informações; essa busca me levou até à Associação Artémis. Nela encontrei o porto de abrigo para ancorar a minha dor e dar um sentido à partida do meu sobrinho. Por meio dela, comprometi-me a usar a comunicação para alertar, informar e esclarecer. Julgava ser possível impedir que essa dor, castradora e permanente, fosse apenas isso mesmo: dor. O sentido das coisas está vivo na vontade que temos de fazer das experiências os nossos instrumentos de aprendizagem, e foi na Artémis que encontrei as ferramentas para agir. Usar a comunicação nessa missão de esclarecimento tornou-se uma prioridade na minha vida.

É com enorme orgulho que tenho a honra de fazer parte da Associação Artémis, que tanto tem ajudado a mim e a minha família, fazendo que percebamos esse mundo da perda com coragem, determinação e esperança! Ali, naquele cantinho, aprendi que é possível sonhar de novo. E é com o coração aberto que dedico as minhas palavras a todos os pais que viram os seus bebés partirem antes mesmo de poderem pegar-lhes ao colo e dizer-lhes quanto os amavam. Espero que a mensagem de esperança que chegou até mim pelas mãos da Artémis consiga voar do papel para se transformar em ações que quebrem barreiras. Acalma-me a alma sentir que, neste momento, o Tiago olha-me lá do alto e diz com orgulho: "Obrigado, tia".

FÁTIMA MONTEIRO – enfermeira
A perda...

Perder um filho está muito para além da minha imaginação, é de certa forma contranatural, como se a "lei da natureza" invertesse o ciclo da vida – os filhos é que devem fazer o luto da partida dos pais. Esta é a minha esperança de mãe: ver crescer a minha filha, já que, ao longo dos anos, desde a sua concepção, lutei para que aqui estivesse. Desde que começamos a desejar um filho até à sua concepção, constitui-se um projeto de vida, que se desenvolve e ganha raízes, dando um sentido especial à nossa existência. À medida que os dias vão passando, olhamo-nos ao espelho e vemos o nosso ventre ganhar forma, evidenciando o crescimento do feto, e arquitetamos no subconsciente o nosso bebé imaginário.

Apesar de ser ainda um "grão", quando o visualizamos durante a ecografia e vemos os seus batimentos cardíacos, logo desperta dentro de nós um sentimento novo, uma paixão que vai muito para além da razão e do conhecido até então. É um amor diferente, que ultrapassa a barreira da paixão entre os amantes; é algo sublime e indescritível que só podemos entender quando o vivenciamos. Por isso considero que a gravidez é um "estado de graça", dado que sentimos todo o esplendor da existência ao darmos vida à vida.

Mas quando algo põe em perigo o desenvolvimento do nosso filho, mesmo enquanto habita no nosso útero, o nosso coração passa a bater ansiosamente, o medo abate-se sobre nós e gritamos algo como: "Não, meu Deus! Não leve o meu filho!"

Como mulher e parteira, sinto a perda de um filho, mesmo durante o desenvolvimento embrionário e fetal, como a perda de um sonho, de uma esperança e de uma vida que se imaginou. Ao longo da minha vida pessoal, felizmente, nunca passei por essa dor, contudo na vida profissional lido dia após dia com a tristeza e a angústia de muitas mulheres que sofrem pela perda dos seus filhos.

Perder um feto é deitar por terra um sonho; um projeto de vida inacabado desaba sobre a mãe, toldando-lhe o coração e enchendo-lhe os olhos de lágrimas. Na minha vivência diária no serviço de obstetrícia, deparo com essas mulheres e procuro, em primeiro lugar, aliviá-las do seu sofrimento, quer físico, quer psíquico, ajudando-as a ultrapassarem esse momento e tentando fazer que acreditem que a vida continua. Por outro lado, é também importante informá-las de que a perda aconteceu a várias outras mulheres, de que muitas mulheres na sua primeira gravidez abortam de forma espontânea, e por isso infelizmente elas não estão sós nessa dor.

Assume vital importância permitir a presença da pessoa significativa, sendo esta, na maioria das vezes, o marido, para que ambos possam fazer o luto do bebé e para que a mãe seja apoiada e tenha a sua angústia reduzida, evitando-se, caso o motivo da perda seja obscuro, que se julgue culpada.

Sempre que possível tento encaminhar essas mulheres para um apoio especializado na área, mas sinto que é essencial, para ajudá-las a fazer o luto e revitalizar o seu estado de espírito, o contacto com outras mães que passaram pela mesma situação, em especial as que posteriormente foram bem-sucedidas.

A perda de um filho é algo que não pode ser encarado como o fim de um sonho, de uma vida; deve ser entendida como o reinício de uma caminhada, que deve contar com amor e esperança no amanhã.

ANA AZEVEDO – geneticista
Quando as realidades se misturam...

A recordação que tenho da minha infância é de estar sempre rodeada de crianças, brincando à vontade, reunindo os meus vizinhos para brincarmos no meu quintal, onde nos divertíamos com mil e um jogos inventados. As tardes eram tão felizes que nunca mais acabavam... Nisso, muito influenciou o facto de a minha mãe ser educadora de infância; sempre fui com ela para as escolas onde era colocada. Naquele tempo não havia restrições quanto aos educadores terem os seus filhos nas suas salas. Andávamos sempre juntas, por esses caminhos por vezes tão tortuosos... No tempo em que não havia ainda autoestradas! Talvez por ter estado sempre com crianças, nunca me senti uma menina sozinha, apesar de não ter irmãos. Tinha sempre muitos amigos com quem brincar e partilhar brinquedos.

Mas, na verdade, eu não sou filha única e a minha mãe sempre fez questão de o afirmar, desde que tenho memória de mim. Ela sempre me disse:

— Filha, tu não és filha única, tu tiveste dois irmãozinhos.
— E onde é que eles estão, mãe?
— Estão no céu, morreram dentro da minha barriga.

Para mim, sempre foi um facto: eu tinha dois irmãozinhos que já não estavam cá, mas que eu sabia que estavam comigo. E foi assim que passei a responder às pessoas que me perguntavam, com aquele tom acusatório muito tipicamente português: "Não tens pena de ser filha única?"

A minha mãe sofreu dois abortamentos: o primeiro no quinto mês e o segundo, bem mais cruel, no oitavo... não sei precisar as semanas. Ambos de bebés do sexo masculino. No primeiro, as membranas do saco romperam de repente, e quando chegou ao hospital já não havia nada a fazer. No segundo, já ela estava tão feliz por ter chegado ao oitavo mês, deixou de sentir o bebé de um momento para o outro... Logo veio o pressentimento de que algo não estava bem. Correu de novo ao hospital, porém, mais uma vez, já não havia nada a fazer.

Morte súbita no útero.

Provocaram o parto.

Diz a minha mãe que era um bebé lindo, perfeito! E os médicos não souberam responder aos porquês dos meus pais. O bebé não apresentava nenhum problema; já no caso anterior não tinham detectado nada depois de um batalhão de exames. Tornou-se necessário, então, procurar as causas nos meus pais... Mais uma dia de exames e... nada! Diagnóstico final: morte súbita! Surge então a indignação; apesar de eles falarem disso com muita coragem, eu tenho a certeza que as "cicatrizes" na alma ainda doem.

O medo de que uma nova gravidez corresse mal era enorme... Pediam aos médicos que lhes dessem a certeza que tudo daria certo, mas aquilo era impossível. Passado algum tempo, nova gravidez e... medo...

A gravidez correu normalmente; não sei se por medo ou se somente por uma disposição momentânea, desta vez não quiseram saber o sexo do bebé. No último mês o médico que acompanhava a minha mãe quis interná-la por precaução, para estar vigiada caso alguma coisa corresse mal. E eis que, às 38 semanas e alguns dias, nasce uma menina: grande (52 centímetros) e gordinha (3,8 quilos). Segundo contam, foi uma imensa alegria, algo inexplicável. Uma menina! Uma menina para vestir com roupas bonitas, uma menina para ser do papá!

O meu pai resolveu comprar um presente para mim: comprou-me um pinheirinho, muito, muito pequenino. Quis que aquele momento ficasse marcado com vida! Uma vida que cresceria no jardim, à medida que crescia a vida em casa.

Cresci, licenciei-me em Biologia na Faculdade de Ciências de Lisboa e, por obra do destino, fui trabalhar para o Serviço de Genética do Hospital de São João. Aí começo a lidar com diagnóstico pré e pós-natal e diagnóstico genético de pré-implantação (DGPI). Então se inicia o contacto com duras realidades: casais que não conseguem ter filhos, gestações que não chegam ao fim, amniocenteses com resultados não tão bons, bebés que nascem com problemas... Na minha cabeça tento dimensionar a tristeza desses casais que choram a perda e lutam ferozmente por um filho, que tarda em chegar! Essa tristeza que me é muito familiar...

Mas tenho de me abstrair disso e pensar que sequer conheço as pessoas, que o material genético que estou a analisar não tem rosto, é apenas um número de ficheiro. Nas primeiras semanas, durante a noite, só conseguia sonhar com "cromossomas" a passearem à minha frente e rostos... muitos rostos que não conheço. Depois passou. Tudo passa, não é verdade?

Ao fim de algum tempo já não pensava tanto nisso. Os resultados que tinha passaram a ser apenas resultados; dar as notícias (boas ou más), falar com as pessoas, não competia a mim: só tinha de apresentar os relatórios das análises e pronto, como se fosse uma máquina, como se não houvesse sentimentos! E ao fim de mais algum tempo já não pensava nisso, felizmente eram muito raros os casos de anomalias graves. Até ao dia em que fui fazer a extração do DNA de um produto de abortamento pela primeira vez...

Os produtos de abortamento que temos de analisar podem ser restos de placenta, restos ovulares ou partes de feto (geralmente parte do calcâneo). É preciso macerar bem o fragmento para se poder obter uma boa extração.

Então, naquele dia, fui fazer a extração... Tinha dois fragmentos: um era uma massa sem nenhum tipo de forma, o outro uma massa com uma cor mais pálida. De repente, ali no meio, encontrei algo de que não estava à espera... Olhei melhor... não queria acreditar! Ali no meio estava um pezinho minúsculo! Sim, percebia-se bem... Era um pezinho! À lupa conseguia perceber-se a translucência dos futuros ossos, ainda pequenas cartilagens. Fiquei nauseada, não conseguia olhar, só tinha vontade de sair dali e ir vomitar! Acho que o sentimento maternal tomou conta de todos os meus sentidos. Só conseguia pensar: "E se fosse meu?!" O meu estômago dava voltas e voltas, mas tinha de acabar o trabalho. Comecei a imaginar aquela mãe, que deveria estar passando por um sofrimento aniquilador! E todo o sentimento que me tinha perseguido no início se apoderou de mim novamente...

Eram pessoas!

Pessoas, e não apenas números! Já não conseguia ver bem, os meus olhos inundaram-se de lágrimas. Pensei na minha mãezinha, pensei em todas as minhas conhecidas que tinham abortado. Foi terrível! Acabei o meu trabalho e saí do laboratório perturbada. Não conseguia pensar em mais nada a não ser naquele pé. A partir daquele dia, sempre que chegavam produtos de abortamento eu verificava se continham alguma coisa estranha; se, através do frasco, me parecesse que sim, pedia sempre às minhas colegas que fizessem a parte da maceração.

Os dias e meses foram passando... O trabalho continuou normalmente. Por vezes, quando encontrávamos algum tipo de anomalia cromossómica ao analisarmos linfócitos, ficávamos encantadas por vermos coisas novas (porque é estimulante, no que concerne ao trabalho, encontrar, de vez em quando, coisas diferentes), mas quando caíamos na realidade e pensávamos no casal que já deveria ter sofrido tanto por causa daquele probleminha, sentíamo-nos impotentes, e ficávamos revoltadas por termos tido uns instantes de euforia. Mas, para mim, os piores momentos sempre estavam ligados à análise dos líquidos amnióticos... ter de lidar com a pressão do tempo, sabendo da responsabilidade associada a um diagnóstico. Depois, claro, há a parte boa... Na maioria das vezes as notícias são boas, felizmente!

Já no campo do DGPI, é maravilhoso olhar pelo microscópio e ver aquele embrião composto de poucas células... Aquele embrião que vai dar origem a um ser... É um privilégio poder presenciar aquilo que muitas pessoas gostariam que acontecesse dentro de si, e que fora impossível. Sentimo-nos todos um bocadinho mães ou pais daquele futuro bebé, acreditem!

Os dias passam e o trabalho continua, temos de lidar com as boas e más notícias, temos de nos abstrair de tudo e cumprir a nossa função. É para isso que ali estamos. Claro que é por vezes muito difícil gerir os sentimentos, mas isso vale para qualquer profissão. Penso muitas vezes no que poderá acontecer quando for a minha vez... em como lidarei com as situações se algo correr mal. Acho que tudo fica mais difícil quando se está "por dentro" das coisas!

Mas a vida é mesmo assim, temos de contornar os obstáculos, as pequenas dificuldades, e seguir em frente! O conselho que dou a todas as mães e pais é que lutem, não se resignem nunca! Sei quanto custa, quanto custou para os meus pais. Mas vejo neles uma força inexplicável, são o meu farol e o meu porto de abrigo, e estão sempre ao meu lado para tudo. Sempre fui uma criança feliz, e sinto-me uma pessoa muito feliz e muito amada!

O meu pinheiro continua no jardim. Tornou-se uma árvore grande, e muitas vezes fico a olhar para ele e a meditar. É o meu pinheirinho, é a prova de que estou cá, é a prova da vitória após uma batalha difícil, será a eternidade da minha passagem!

FÁTIMA MOURÃO

Aos 31 anos, sentia-me completamente despida de mim mesma e praticamente sem nenhum estímulo para lutar.

Durante catorze anos a minha vida foi uma penitência. Vivi o pesadelo da infertilidade em toda a sua enormidade e a perda dos filhos que tanto queríamos. Tive um aborto espontâneo, que a médica acompanhou, e mais dois completamente desacompanhados. Passei ainda por duas gestações ectópicas, que me custaram as duas trompas.

Aos 31 anos, sentia-me completamente despida de mim mesma e praticamente sem nenhum estímulo para lutar.

Foi-me diagnosticada tristeza crónica. Não voltei a sorrir e aos poucos comecei a afastar tudo e todos de mim. O último foi o meu esposo. Durante essa fase, fui submetida a vários tratamentos e exames. Fiz tratamentos com Dufine e os mapas de temperatura eram os meus companheiros diários. Numa fase mais avançada passei por uma inseminação intrauterina, seguida de uma fertilização *in vitro* (FIV). A primeira deixou-me grávida e sem a última trompa; a segunda não trouxe nenhum tipo de resultado.

Naquela altura já me sentia completamente esgotada e sem forças. O meu luto tinha sido inexistente, o que me trouxe muitas complicações. Assim, engolida por um desalento sedento de mim, desisti. Pela primeira vez em onze anos desistia. De tudo e de todos.

Dois anos após a minha desistência da maternidade, o meu companheiro de todas as horas – o meu marido – mostrou-me que ainda havia esperança. Disse-me que se eu tinha conseguido engravidar das outras vezes agora não seria diferente. Só precisava de ser forte como outrora o fora. Mas os fantasmas das minhas perdas assombravam-me diariamente.

Como conseguiria eu ultrapassar a situação? Na época, esse tema era tabu, e chorávamos em silêncio, perdidas em nós próprias... Tudo era coberto por um incómodo e opressivo silêncio.

Decidimos que a melhor arma contra esse fantasma seria ter ajuda técnica, e iniciei as consultas de psicologia, em que, sessão a sessão, todas as peças do meu puzzle eram desmontadas e analisadas. As peças foram reorganizadas e os fantasmas deixados nos sítios certos; reaprendi a amar.

Estava pronta para uma nova batalha, que daria início em fevereiro de 2005 com uma FIV. Lembro-me daquele dia como se fosse hoje; estava tão nervosa! No primeiro ciclo de tratamento, acabei por errar na medicação e quase não pude prosseguir. Quinze dias após a conclusão da FIV, ouvia da boca do meu marido a frase que me deu a oportunidade de poder voltar a ser eu: "Conseguiste, estás grávida".

Não foi uma gravidez fácil, devido ao intenso nível de ansiedade que experimentei nesse período. Mas a minha médica esteve sempre à altura do meu "problema", o que tornou possível que hoje eu viva com aquela que considero o meu MILAGRE DE VIDA. Pois ela me ajudou a ultrapassar a fase dos tratamentos, a fase da gestação e, por fim, o próprio trabalho de parto, que resultou numa cesariana e... na minha filha. A minha DOCE FILHA Melina. O meu mais perfeito amor. Ainda hoje sinto que vivo um sonho. Às vezes, ainda sinto algumas lágrimas a descerem de mansinho pela minha face quando penso em tudo que passei e na solidão que um dia senti. Ao meu esposo, à equipa médica de reprodução humana do Hospital de Santa Maria, à médica obstetra que me seguiu no Hospital Nossa Senhora do Rosário (doutora Silvia Roque) e à doutora Ana Paula Lopes, da mesma unidade hospitalar, que me seguiu no início dos meus problemas, à doutora Cláudia (psicóloga) e à minha querida médica de família, doutora Paula Dias, do Centro de Saúde do Lavradio, o meu muito obrigada.

Por fim, à grande mulher que é a doutora Manuela Pontes, pela ousadia e persistência, que resultaram no fim do tão temível silêncio, e por sua luta voltada a esse complexo tema, um enorme louvor.

A todas as mamãs, futuras mamãs ou combatentes da nossa "guerra", um enorme beijinho. A todos vocês, só posso dizer o seguinte: querer é poder, poder é ter. Que a nossa luta se transforme de facto em algo melhor. Que existam melhores condições no que diz respeito às nossas perdas. E, acima de tudo, que possamos falar da dor que nos vai na alma. A vós desejo aquele bebé que tanto procuramos. A vós desejo um lindo sorriso. O sorriso do vosso bebé.

www.gruposummus.com.br